一行禪師
佛雨灑下

禪修《八大人覺經》《吉祥經》
《蛇喻經》《中道因緣經》

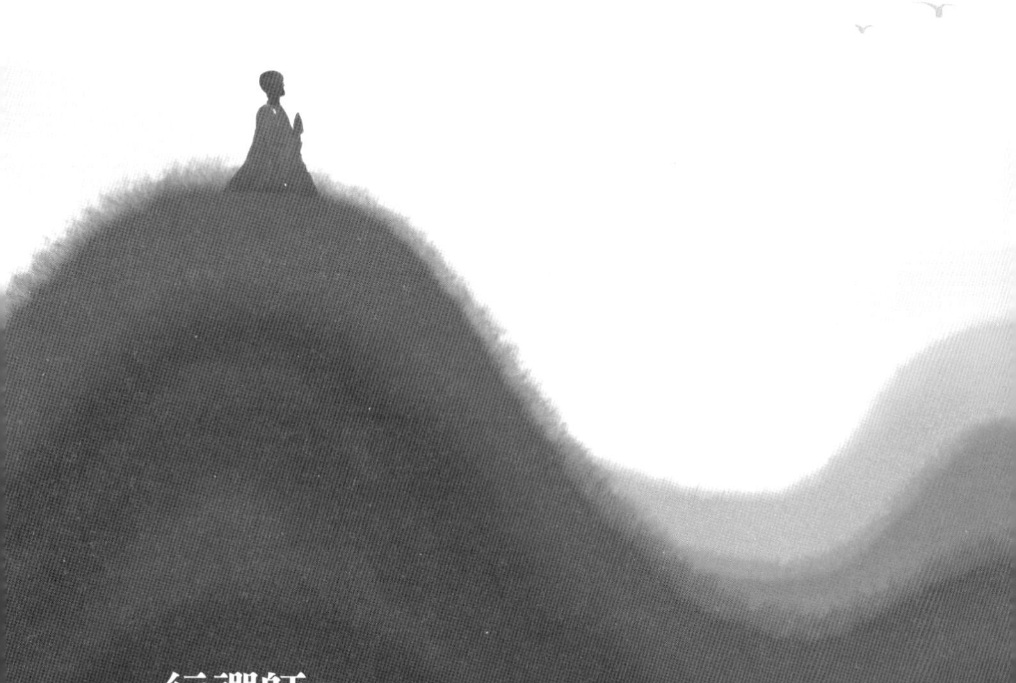

一行禪師 Thich Nhat Hanh——著
釋真士嚴、慧軍、劉珍——譯

目錄

譯者序

今早，山間鳥兒歡快地迎來閃耀的太陽。
你知道嗎，我的孩子，
白雲依然在蒼穹飄浮。
你現在何處？
古老的山川依舊在當下此地。
白色的浪花仍想去往他方。
再看一看，
你將看到老師在你之中，
也在每一片葉子和花朵中。

當你呼喚老師的名字，你將立刻見到我。

——《老師在尋找他的學生》一行禪師

「學習佛法的唯一目的是修行。」禪師一再叮嚀，修習就在日常生活中。無論行、住、坐、臥，喝茶、做家務、開車、做飯，只要正念專注，即能把心安住於當下。修習念和定，帶來理解和智慧，讓我們在每一刻培養幸福自在。

多年來一直翻譯和編輯禪師的著作，特別喜歡的是禪師對於經典的闡釋。禪師講經無數，涵蓋南傳和北傳，原始及大乘經典，感恩有此機會，與大家分享禪師對《八大人覺經》《吉祥經》《蛇喻經》和《中道因緣經》的開示。佛雨灑下，滋潤我們的身心。佛陀的教誨，禪師的每一句話，都是在澆灌我們心中的美善種子，讓菩提種子得以萌芽，茁壯成長。

學習佛經並非是積累知識。在《蛇喻經》中，佛陀提醒我們睿智善巧地學習佛法，才不至有所誤解或執著其中，捕蛇卻反被蛇咬。佛陀說，不用木筏來渡到彼岸，卻把木筏抬在肩上或頂在頭上前行，或有木筏卻不用來渡到彼岸，即是未加善用其功能，這無法幫助人們脫離痛苦和執著。

經中提出的兩個概念「安樂」和「欲樂」，値得我們沉思。有些人在生活所需得到滿足後，會開始問：「爲什麼社會所說的快樂的必要條件都已經擁有了，定下的目標一個又一個地實現了，想得到的已經擁有了，卻還是不快樂。究竟缺少的是什麼？一直在追尋的又是什麼？」人無法從追逐欲樂中找到幸福滿足。幸福在於安和樂，只有樂而無安，那並非眞正的幸福。修習正念使我們覺知自己的身心狀況，看清楚是什麼爲我們帶來痛苦和束縛，是什麼爲我們帶來輕安自在，並通過日常的修習培養安穩與幸福。梅村的修行有四大部分：學習（study）、修行（practice）、工作（work）、玩耍（play），四方面要取得平衡，才能保持身心健康。

禪師進一步說，《蛇喻經》的重點在於破除執著。這也正是《中道因緣經》所說的。

《中道因緣經》包含了佛教核心觀念的「正見」，即保持開放的心態以避免極端見解及二元對立，也包含了「緣起」，即萬物之間彼此相依、互相創造的本質。佛教不是一堆見解，而是幫助我們生發智慧和理解，消除錯誤知見的修行。

禪師在講《八大人覺經》時說，此經是照亮他道路的明燈。經文雖短，卻給了我們許多觀照和修習的範疇。禪師就此經提出了十一個禪觀主題，指導我們如何修習，減少由貪、瞋、癡帶來的痛苦。書中亦引述了《寶王三昧論》的十條日常生活指引。曾經在內心感到困難的日子，我把這十條生活指引寫在卡片上，貼在書桌前，用來鼓勵自己，了悟苦並非無有好處。困苦是一種磨練，鍛鍊我們的慈心、悲心、喜心、捨心。現今社會，人們在生活中遇到種種挑戰，這些日常生活指引更見重要。

人人都希望吉祥幸福，禪師提倡的應用佛教，是讓我們接觸和了悟實相。世上不會只有樂而無苦，也不會只有苦而無樂。在《吉祥經》中，天人向佛陀提問何謂吉祥，何謂幸福。佛陀以偈頌回答，給予我們清晰的人生方向。在修習的當下，我們即能感到平靜安樂。沒有通往幸福的道路，幸福即是道。

願讀者都能感受到禪修的喜樂，禪悅為食。感謝橡樹林出版社發行了多本禪師對經典的闡釋，弟子們將繼續翻譯禪師的教導，延續禪師的慈悲大願。

釋眞士嚴

二〇二三年二月二十四日於台灣台中

兩件寶物：
覺醒和真正幸福的佛教教義

劉珍譯

引言

在我十七歲那年，也就是我作爲沙彌在越南的慈孝寺修學的第一年，我必須背誦《八大人覺經》。六十年過去了，我發現這部經文仍是照亮我道路的明燈。

一九七八年，我參與了在南中國海營救越南船民的行動。我們用越南文印製了一本《八大人覺經》的小冊子，幫助倖存者在世界某處安家。很快，我們發現這部經對西方人同樣有幫助。所有人，不論過去經歷過什麼，都努力在自己的日常生活中實現安穩與自在。

我邀請你在身心完全放鬆時閱讀此書，例如舒適的沐浴之後。你可以點支蠟燭或一杜香，讓房間充滿芬芳。然後，慢慢閱讀經文以領悟其精深的眞義。這些經文歷經數千年，然而，只有當你將其融入自己的生活體驗，才能理解和實踐，只是聽聞他人講解是不夠的。

你愈禪觀這些經文，便愈能發現並深入其中蘊含的深奧智慧。如果能在禪觀時配合正念呼吸，你的修習將容易成功。這本書中的兩部經彼此互補，也可以單獨閱讀。它們共同詳盡地指明了如何一步步通往覺醒與安樂。

一行禪師

二〇〇六年七月

《佛說八大人覺經》

佛弟子應日夜至心念誦、觀照諸佛菩薩大人的八種覺悟。

第一覺悟世間無常。眾生居住的國土危脆不堅固。萬物皆由四大元素聚合而成，本性皆空，含藏苦種。人由五蘊聚合而成，生滅變異不息，無有獨立存在的自我。心是惡行的源頭，身是不善行的聚集地。如此觀照，能逐漸脫離生死輪迴。

第二覺悟多欲爲苦。生命的諸多困苦來自貪欲。少欲者身心輕安自在。

第三覺悟人心總是外求，永不滿足，造作種種不善行。菩薩反之，少欲知足，生活簡樸，身心安樂，精勤於道，視圓滿覺悟爲唯一道業。

第四覺悟惰性是修行的障礙。我們應精進修行，轉化煩惱，降服四魔，脫離五蘊和三界的牢獄。

第五覺悟因無明而生死流轉。菩薩廣學多聞、成就度化眾生的辯才，悲智雙運，使眾生得究竟安樂。

第六覺悟貧苦造成怨恨和憤怒，引發負面思想和行爲的惡性循環。菩薩對所有人行平等布施，無怨親之分，也不計較他人往昔的過錯，不憎恨造成傷害的人。

第七覺悟財、色、名、食、睡五種感官欲樂帶來的禍患。在家修行者雖住塵世，卻不染著世俗欲樂，時時思念三衣一缽的出家生活，立志發願出家，過簡樸的修行生活，持戒清淨，以慈悲心廣度眾生。

第八覺悟生死流轉如猛火燃燒，苦無處不在，因而發宏願救助一切眾生，願與眾生一起受苦，導引眾生至究竟樂土。

這是諸佛菩薩的八種覺悟。他們精進修行智慧、慈悲之道，乘法身船抵涅槃彼岸，又回到娑婆世界，以此八種覺悟幫助眾生認識世間苦痛，捨離五欲，修行聖道。

佛弟子若能誦讀、觀想這八種覺悟，便能止息無量的錯誤觀念和煩惱，達證菩提，了脫生死，常住於安樂。

闡釋

此經由西域安息國的安世高法師於後漢（約西元一四〇年至一七一年）在洛陽從梵文譯為漢文。原始的梵文經文不知是否仍流傳。這是一部古老的經典。此經亦如《四十二章經》和《六度集經》，屬於結集的經典。

此經融合了原始佛教和大乘佛教。經中的八種覺悟可被視為八個禪觀主題，每個主題又可細分爲許多禪觀主題。就形式而言，這部經非常簡單；就內容而言，此經的思想極富深義而微妙。此經不是理論解說、分析論述或歷史文獻，而是實在有效的禪觀方法。

經文內容

我們可以從經文中引伸出十一個禪觀主題。

第一覺悟的四個禪觀主題

第一覺悟解釋和闡明了四念住的修行，即佛教的四種基本禪觀：無常、苦空、無我和不淨。我們須常禪觀實相的這四種特質。正如經文提及，若有人如此禪觀，將逐漸脫離生死輪迴。

禪觀的第一個主題是觀萬物無常的本性

萬物轉瞬即逝。每時每刻，世間的一切——人的生命、山川、河流、政治制度——都在流轉變化中。我們稱之爲刹那無常。萬物都經歷著成住壞空的過程，這種壞滅稱爲一期無常。我們應時常觀照萬物無常的本性，如此才能出離以爲事物恆常不變的幻想，不被事物牽引和繫縛。

禪觀的第二個主題是觀萬物苦空的本性

印度古人說，萬物由地（本質爲堅性）、水（本質爲濕性）、火（本質爲暖性）、風（本質爲動性）四大元素組成。佛菩薩認識到這一點，明白當四大元素調和時，便有了安寧；當四大元素不調時，便有了痛苦。萬物皆由這些元素和合而成，並非恆常獨立地存在，所以說萬物皆空，一切皆無常。因此，當我們被世事困住時，會因其無常本性而苦。因萬物皆空，當我們受困於這些事物，也因其性空而苦。覺知到痛苦的存在將我們導引至修行覺悟之道。這是四聖諦的第一諦。

當我們不再覺知和觀照萬物中的苦時，便容易被物欲所累，從而在追求物欲的過程中消耗自己的生命。只有通過覺知苦，才能找到苦因和對治的方法。

禪觀的第三個主題是觀萬物無我的自性

佛陀教導說，人由五蘊：色、受、想、行，識（物質、感受、思想、心行、心識）聚合而成。如果物質由四大元素構成，本性是空，那麼五蘊聚合而成的人亦無永恆不變的自我。人每分每秒都在變化，每一刻都體驗著無常。深觀五蘊，我們體驗到身體的無自性、生滅過程以及空性，因而摧毀了身體是永恆自我的幻象。「人由五蘊聚合而成，生滅變異不息，無有獨立存在的自我。」在佛教中，無我觀是最重要的禪觀主題。觀照無我，破除了我與非我之間的障礙，看到宇宙的和諧大同，看到眾生在我們之內，我們也在眾生中，看到當下包含了過去與未來。如此，我們超越生死。

現代科學也已發現萬物無我的眞理，例如南非生物學家和人類學家萊爾・沃森（Lyall Watson）在《超自然》（*Supernature*）一書中提到的研究方法，完全符合緣起性空的原則：

「地球上有生命——擁抱地球上所有動植物的同一生命。時間將其分割成數百萬份，但每一部分都是整體不可分割的組成。玫瑰是玫瑰，但也是知更鳥和兔子。我們都是來自一個熔爐的同一血肉。

「生命的活動受熱力學第二定律支配。這即是說，物質的自然狀態是混亂的。物質傾向於互相碰撞，變得隨機而無序。生命系統由高度組織化的物質組成；它們從無序中創造秩序，但這是一場與破壞過程的持續戰鬥。秩序，通過從外部引入能量使系統運轉而得以維持。所以生化系統一直與周圍的環境作物質交換，它們是開放的熱力學過程，而非一般化學反應的封閉恆溫結構。

「這是生命的奧祕。它意味著，不僅生物與其所處環境之間，生活在那個環境中的萬物之間都有一種持續的交流。一個錯綜複雜的交互作用網絡，將所有生命連接成一個巨大的、可以自我維持的系統。每一部分都與其他部分相關聯，我們都是整體的一部分，超自然的一部分。」

科學家如果持續觀照自身身心和萬物的無我本性，他日將容易證悟。

禪觀的第四個主題是觀身心不淨的本質

不淨是指不潔淨，不神聖也不美麗。就生理和心理而言，人是不淨的。這並非悲觀的想法，而是對人的客觀看法。如果我們從頭髮到血液、膿、痰、糞便、尿液、腸道的細菌檢視我們的身體成分，許多疾病都在伺機發展。我們看到生理的不淨，生理亦是追求欲望滿足的動力，所以這部經說身體是惡行的聚積處。

那麼心理方面呢？由於無法看到萬物無常、苦空、無我的實相，我們的心成爲貪婪與仇恨的受害者，由貪婪和仇恨而造作許多惡行，所以這部經說：「心是惡行的源頭。」

第二覺悟——第五個禪觀主題是觀多欲為苦

這個禪觀主題基於經中的第二覺悟。大多數人對於幸福的概念是欲望的滿足。欲望有五種：財、色、名、食、睡。人的欲望無窮，但能力有限。欲望得不到滿足就會痛苦；部分欲望得到滿足，仍會追求其他欲望，也是苦。愈追逐，愈痛苦。只有當我們對這種無止境的追求感到疲憊時，才能看到自己被欲望的羅網繫縛著，從而明白眞正的幸福是身心自在。這種自在從少欲而來。少欲、不追逐五種欲樂，是通往解脫的一大步。

第三覺悟——第六個禪觀主題是觀知足破除貪欲

知足，是指對足以讓我們健康生活和修行的物質生活條件感到滿足。這是破除欲望之網的最好方法，從而達到身心自在，有更多時間幫助他人，發展智慧，實現覺悟。懂得知足幫助我們避免不必要的購置，成爲剝削他人經濟體系的一部分，也減少環境污染。這是經文宣講的第三種覺悟。

第四覺悟——第七個禪觀主題是觀精進破除怠惰

當我們停止追逐欲望，懂得滿足，身心自在後，修行者不會因爲這種自在而怠惰，虛度時光。精進，是晝夜精勤發展智慧與覺悟。我們應時時學習觀呼吸的修行方法，觀察身體的不同姿態，觀照無常、苦空、無我和不淨這四個實相（即禪觀的前四個主題），深入理解四念住，觀照色、受、想、行、識的成住壞空。我們應誦讀闡明禪修、調息與修習觀照的經典，例如《念住經》《摩訶般若波羅蜜多心經》和《大般若經》。我們要遵循這些經文的教導，以智慧的方式修習，選擇最適合自身情況的修行方法，或加以調整適應自己的需要。我們下功夫，直到所有根本煩惱被根除，如貪、瞋、癡、慢、疑和惡見。那時，我們自然能看到身心出離生死、五蘊和三界的牢籠。這是經文宣講的第四種覺悟。

第五覺悟——第八個禪觀主題是觀智慧破除愚癡

在這些根本煩惱中，扎根最深的是愚癡。當愚癡的根鬆動，所有其他煩惱如貪、瞋、慢、疑和惡見也將鬆動。認識到這一點，我們可以致力於觀照無常、無我和萬法緣生。一旦無明的根被切斷，我們就能解放自己，教導他人，帶他們脫離生死的枷鎖。這是經文宣講的第五種覺悟。

前四種覺悟幫助我們解脫。從第五種覺悟開始，後四種覺悟有度他之用。此經穩固地統一了小乘佛教和大乘佛教的思想。

第六覺悟——第九個禪觀主題是觀平等布施

有些人認爲只有當他們寬裕時才能布施，這並不對。有些富有之人確實在修習布施，但很多人做慈善是爲了獲得名聲或取悅他人。對人慈悲、施予的人很少是富裕的，部分是因爲他們願與別人分享自己擁有的，部分則因爲他們不願將自己的富裕建立在他人的痛苦之上。

很多人誤解了佛教中「布施」的意思，以爲只是隨意給予街上行乞的人五或十分錢。然而，布施是非常美麗的行爲，謙卑而高貴。布施亦有平衡富人與窮人間差異的功用。一切減輕人類痛苦、創造社會公平的行爲都可被視爲布施。這並不是說我們要積極參政，從事導致對立黨派之間權力鬥爭並導致死亡和破壞的政治行爲，不是我們所說的布施。

布施是六波羅密的第一波羅密。波羅密的意思是帶人到彼岸，解脫之岸：從疾病、貧窮、無明、煩惱、生死中解脫。一個修習知足和簡樸生活的人也能行布施？事實上，大多數願意犧牲自己、致力於服務和幫助他人的人，都過著簡單知足的生活。如果他們一生爲名利而憂慮，如何有時間修習和布施？

聖雄甘地也過著簡樸的生活，然而他救度人類的功績不可估量。我們當中有成千上萬的人生活簡樸卻幫助著許許多多的人。他們沒有甘地那樣偉大的聲名，但他們的善行並不亞於甘地。我們只需稍加留意，就可以覺察到這些人的存在。他們並不通過金錢來修習布施，這不是他們所擁有的，他們以時間、精神、愛、關心和整個生命行布施。

在佛教的教理中，布施是指平等布施，布施時無有分別心。我們布施貧困和需要幫助的人。雖然窮人之中也有善良的人和惡人，但我們不只是布施給善良的人。正如經文所說：「菩薩平等視眾生，不分冤親。菩薩不責過往，也不厭正作惡之人。」這表達了大乘佛教的精神。仇恨和惡行可能因貧窮而起。只懂說法卻不修習布施以減輕他人的痛苦，並不合乎佛教的精神。我們應以完全平等的心布施，不歧視、不憎恨那些因貧困而作惡和造成仇恨的人。對於曾令我們痛苦的人，也應以慈悲幫助他們。

這是經文宣講的第六種覺悟。希望進一步理解布施的修行，可以參考康僧會禪師所譯的《六度集經》和龍樹菩薩造的《大智度論》。

第七覺悟——第十個禪觀主題是觀隨俗不染

隨俗不染是指生活在社會中、救助他人而不被世間的五欲所牽絆，就像出淤泥而不染的蓮花。修習解脫之道並不意味著逃避社會，而是行化於世間。在我們幫助他人的能力強大而穩固之前，在社會中生活也許會被世事染污，所以菩薩時常觀照五欲的有害本質，堅定地過簡樸的生活以修行布施。隨俗不染亦指修行持戒波羅密。這是經文宣講的第七種覺悟。

第八覺悟——第十一個禪觀主題是觀大乘心

要有幫助他人的宏願，才能克服利他道路上的磨難。社會上的苦難無邊，修習利他之道的志願也應無邊。因此，大乘心是一種無窮無盡的力量之源，鼓舞著我們修習布施。只有大乘心才有足夠的力量承載社會上的種種挑戰和屈辱，繼續修行的道路，爲他人帶來大安樂。也只有大乘心，才能踐行以下由明代高僧妙葉所集、收錄於《禪門日誦》的《寶王三昧論》的警醒。這是經文宣講的第八種覺悟。

《八大人覺經》包含了大乘佛教的六波羅密。六波羅密即六度：布施、持戒、忍辱、精進、禪定、智慧。第一覺悟說到禪定，第二、三、七覺悟談及持戒，第四覺悟說精進，第五覺悟談智慧，第六覺悟提及布施，第八覺悟說到忍辱。此經不是讓我們禪觀卻繼續以前的生活方式。要從此經全然受益，我們須實踐和遵循它的教導。

日常生活指引

以下是《寶王三昧論》的十條日常生活指引。你可以同時修習《八大人覺經》和這些指引。

一、觀身不求無病，身無病則貪欲易生。

二、處世不求無困難，無困難則傲慢必起。

三、觀心不求無障礙，無障礙則易被現有知識所困。

四、行事不求無阻礙，無阻礙則助人之願不堅強。

五、制定計畫不求易成，成功易則心存驕慢。
六、與人交往不求個人利益，希求利益則虧損道義。
七、與人交流不求人人順從己意，人順己意則心生自負。
八、幫助他人不望回報，希求回報則心有所圖。
九、見利益不求沾分，沾分利益則癡心亦動。
十、蒙受冤屈時不求申明，受冤而申明則怨恨滋生。

病苦是良藥。值遇困苦、意外時，也是實現自在與覺悟之時。障礙可以是解脫。佛陀提醒我們，魔軍也可以成爲護法者。成功需要困難。慢待你的人可以成爲你的朋友。利他之行也可能漏劣。捨棄財富可以是財富本身。蒙受冤屈也可以成爲追求正義的力量之源。

附錄一

《佛說八大人覺經》 大正新脩大藏經第17冊 No. 0779

爲佛弟子，常於晝夜，至心誦念，八大人覺：

第一覺悟：世間無常，國土危脆；四大苦空，五陰無我；生滅變異，虛僞無主；心是惡源，形爲罪藪。如是觀察，漸離生死。

第二覺知：多欲爲苦，生死疲勞，從貪欲起；少欲無爲，身心自在。

第三覺知：心無厭足，唯得多求，增長罪惡；菩薩不爾，常念知足，安貧守道，唯慧是業。

第四覺知：懈怠墜落；常行精進，破煩惱惡，摧伏四魔，出陰界獄。

第五覺悟：愚癡生死。菩薩常念，廣學多聞，增長智慧，成就辯才，教化一切，悉以大樂。

第六覺知：貧苦多怨，橫結惡緣。菩薩布施，等念冤親，不念舊惡，不憎惡人。

第七覺悟：五欲過患。雖爲俗人，不染世樂；常念三衣，瓶鉢法器；志願出家，守道清白；梵行高遠，慈悲一切。

第八覺知：生死熾然，苦惱無量。發大乘心，普濟一切；願代眾生，受無量苦；令諸眾生，畢竟大樂。

如此八事，乃是諸佛菩薩大人之所覺悟。精進行道，慈悲修慧，乘法身船，至涅槃岸；復還生死，度脫眾生。以前八事，開導一切，令諸眾生，覺生死苦。捨離五欲，修心聖道。

若佛弟子，誦此八事，於念念中，滅無量罪；進趣菩提，速登正覺；永斷生死，常住快樂。

附錄二

《寶王三昧論》 明．妙葉

一、念身不求無病，身無病則貪欲易生。

二、處世不求無難，世無難則驕奢必起。

三、究心不求無障，心無障則所學躐等。

四、立行不求無魔，行無魔則誓願不堅。

五、謀事不求易成，事易成則志存輕慢。

六、交情不求益吾，交益吾則虧損道義。

七、於人不求順適，人順適則心必自矜。

八、施德不求望報，德望報則意有所圖。

九、見利不求沾分，利沾分則癡心亦動。

十、被抑不求申明，抑申明則怨恨滋生。

是故聖人設化，以病苦為良藥，以患難為逍遙，以遮障為解脫，以群魔為法侶，以留難為成就，以敝交為資糧，以逆人為園林，以布德為棄屣，以疏利為富貴，以屈抑為行門。如是居礙反通，求通反礙。是以如來於障礙中得菩提道，至若鴦崛魔羅之輩、提婆達多之徒皆來作逆，而我佛悉與記別，化令成佛。豈非彼逆乃吾之順也，彼壞乃我之成也？而今時世俗學道之人，若不先居於礙，則障礙至時，不能排遣，使法王大寶由茲而失，可不惜哉！可不惜哉！

《吉祥經》

這是我聽到佛說的。那時佛住在舍衛城祇樹給孤獨園。時已深夜，有一天人來訪，天人的毫光和莊嚴照亮了整個祇園。天人禮佛後，以一首偈頌向佛提問：

「諸天和世人渴望安寧，祈求幸福，請佛指導何謂最吉祥。」

佛回答：

「勿近愚痴者，親近賢善人，尊敬有德者，是爲最吉祥。

「居住適宜處，撒播善種子，置身於正道，是爲最吉祥。

「多聞工藝精，行持諸戒法，言談悅人心，是爲最吉祥。

「奉養父母親，善愛護家庭，從事無害業，是爲最吉祥。

「誠實和布施，幫助眾親眷，行事無過失，是爲最吉祥。

「諸惡皆莫作，眾善盡奉行，克己不沉迷，是爲最吉祥。

「恭敬與謙遜，知足並感恩，及時聞教法，是爲最吉祥。

「耐心受誨誡，親近出家人，修學論佛法，是爲最吉祥。

「精勤和清靜，學微妙眞理，實證涅槃法，是爲最吉祥。

「生活於世間，心如如不動，無憂無煩惱，是爲最吉祥。
「誰依此行持，處處也安穩，處處也喜樂，自身之吉祥。」

闡釋

此經譯自巴利藏的 *Mangala Sutta*，見於南傳大藏經裡小品經集的《大吉祥經》（漢譯南傳大藏經第26冊）。我們亦可在漢文《法句經》中找到與此經相對應的經文，即《法句譬喻經．吉祥品》（《大正新脩大藏經》第四冊）。Mangala 的意思是吉祥，預示著即將到來的事物，通常是一些會帶來幸福和繁榮的積極事物。這個詞也有祝福之意，因爲在這部經中，佛陀教導了吉祥是哪些能帶來幸福的事情。

這部經可分爲一節節來修習，也可作爲一個整體來觀照。爲了進一步觀研，我們在這裡分節講述。

「勿近愚痴者，
「親近賢善人，
「尊敬有德者，
「是爲最吉祥。」

身邊有智慧、善良的朋友是至福。我們可以在內心和周圍建立一個健康、安全的空間。我們需要一個美麗而滋養的棲息地，帶給我們所需的安全與自由。至福是與修習良善、不暴力、不偷盜、不殘酷、不爲成癮行爲所困的朋友們同行。

人們受苦時，會尋求外在的東西以分散、遺忘自身的痛苦，例如毒品、酒精和性。然而這些事物只能暫時轉移注意力，無法療癒我們。

社群是一個能支持我們的家，是戒除不良嗜好的良藥。當我們能與賢善之人交往，便爲自己創造了能帶來持久幸福的條件。

「居住適宜處，
「撒播善種子，
「置身於正道，
「是爲最吉祥。」

「居住適宜處」是指生活在周邊環境，和所有活動都致力於滋養我們和建設社群的地方。沒有這樣的基本環境，我們無法走得更遠。當我們一起修學，以愛和覺知一起工作，便滋養了自己的平靜與和諧。

物理環境和他人的存在很重要。通常，如果我們獨自在家，靜坐十五分鐘似乎很困難。我們認爲自己有很多事要做，無法安坐。但如果周圍的人都這樣坐著，我們會發現容易得多。所以創造一個滋養的環境至關重要。有了這樣的支持，我們才能成爲自己和他人的喜悅之源。

僧團和時間是兩劑通用的良藥。如果你能每天服用這副藥，你就有了機會。經過幾年，你成爲一株植物、一棵大樹，深深地扎根於僧團的土壤。幸福與愛成爲可能，然後你可以回去幫助自己的血緣家庭、靈性團體和你所在的社會。

我們學習建設僧團的藝術，創造滋養、和諧的環境。沒有這個基礎，我們無法行走於正道上而落入地獄界和餓鬼道。我們無須離開地球去尋找地獄。地獄無處不在，甚至在我們居住的城鎮中。有些地獄，我們曾去過或經歷過，我們知道這些地獄是眞實的。我們可能遇過暴力、恐懼或成癮的處境，也曾被強烈的情緒如仇恨、嫉妒或貪愛沖昏頭腦而做出不健康的行爲。我們也知道世界各地有無數生靈正遭受戰爭、貧困、不公和環境破壞等苦難。

餓鬼永遠渴望食物卻又無法吸收營養。餓鬼並非是虛構的——他們可能和我們生活在一起，有足夠的衣食，但依然渴求知識、愛、希望或能夠相信的事物。我們要逐漸在各地建設社群，使這些餓鬼找到皈依處。和諧的社群氛圍可以幫助餓鬼扎根並解開痛苦的心結。

有了滋養的社群圍繞，我們就能找到通往安穩、自在和解脫的正道。有一條道路是美妙的。看到這條道路，已然是大吉祥，無須再恐懼或困惑。一旦識別了這條道路，我們的失落、困惑和絕望感就會消失，幸福即刻成爲可能。

「多聞工藝精，
「行持諸戒法，
「言談悅人心，
「是爲最吉祥。」

「多聞工藝精」是指有機會接受良好的教育和持續學習。學習應是每天進行的事情，即使對佛陀來說也是如此。我們希望擁有一個不會對他人或環境造成傷害的職業。當我們能同時學習和實踐才能時，便支持了自己與家庭，這是大吉祥。

有很多獲利豐厚但不合乎道德的職業讓我們在夜晚輾轉反側。這些職業對他人和環境造成傷害，迫使我們撒謊或隱瞞眞相。這些工作雖有利可圖，但也帶給我們很多痛苦，進入我們的心靈深處。當我們能找到表達心中慈悲和理想的工作，即使這份工作收入不多，幸福也會升起。有一份不傷害他人與環境並能表達慈悲的職業，是至福之因。

兩千五百年前，佛陀爲他的在家弟子授了五戒，幫助他們過上安詳、健康的幸福生活。我們稱之爲五項正念修習。正念——覺知我們的身心、感受和世界上正在發生的——是每一項修習的基礎。有了正念，我們可以避免傷害自己與他人，從而保護自己、家人和社會，以及現在與未來的安樂。我們在工作中感到幸福，持守五戒，決心每天修習愛語，避免說傷害他人的話。當我們使用愛語，會避免許多誤解和痛苦。即使他人對我們言語不善，如果以愛語回之，痛苦便會減少。有了理解和慈悲，我們會變得輕安，能與他人很好地溝通，即使是不善之人。我們可以接納他們，知道他們並不快樂，了解他們亦是自身憤怒、暴力和分別心的受害者。當我們內在有了理解和慈悲，便不再被懲罰與報復的欲望驅使。愛語使溝通成爲可能。沒有眞正的交流，幸福無法存在。被善說愛語的家人、朋友和靈性團體圍繞是大福報。幸福在地球上是可能的，所以佛陀常常開示眞正的幸福之道。

「奉養父母親，

「善愛護家庭，

「從事無害業，
「是爲最吉祥。」

當你年幼時，父母撫養你，照顧你長大。現在你已成人，可以像父母支持你一樣支持他們，那是至福。我們有很多方式支持父母。如果有條件，可以提供經濟支持，也可以提供靈性和精神支持。經濟支持很好，然而較之物質，更多的人精神上在受苦。如果我們懂得如何行持五項正念修習，就能成爲家人的支柱，在痛苦和艱難時期提供支持。從悠久的僧侶歷史可以了解這一點。僧人雖在俗世中沒有工作，也無錢寄給父母，但如果精進、平和、快樂地修行，他們就能幫助很多人，其家人也從中受益。在艱難時期，他們可以成爲精神支柱，爲家庭帶來和睦。

修習成功的僧人，即使很年輕，也能成爲家庭的精神支柱。當一名僧人以慈悲愛語幫助家人和解，他的兄弟姊妹、叔叔阿姨都會傾聽。他成爲慈愛的源泉。我們無須出家才能在家庭中扮演這樣的角色，如果我們出於慈悲與愛，使用愛語，放下對結果的執著，不憤怒與嫉妒，我們就會成爲家人的支柱。

作爲一名修習者，我們的目標並非賺很多錢，而是轉化自己內心的痛苦，活在平靜、安詳和幸福中，也爲我們的家人及周圍的人帶來幸福。當我們看到自己能爲身邊的人帶來幸福，我們的幸福也會成倍增長。這是現實，不是迷信。在一個五百人的禪營中，可能會有數百人在修習之後回來感謝我們。我們看到了他們內在的轉化。當每個人變得更自在與覺知自己愛的能力，出現衝突時，就更能與家人和所愛之人和解。緩解與所愛之人衝突的那一刻，是幸福的巨大源泉。我們無須等待十年來收穫這種幸福，這是我們修習的果實。

「誠實和布施，
「幫助眾親眷，
「行事無過失，
「是爲最吉祥。」

誠實是指生活合乎道德，正直公正。布施並不僅僅是分享金錢、物質資源或技術知識，布施不需要金錢。財富、物質或知識的布施只是眾多形式之一。第二種布施是佛法的布施，可以分享修習方法以減輕他人的痛苦，這種布施比財物布施更寶貴。第三種布施最爲珍貴：無畏布施，abhaya。生命中最偉大的禮物是無懼地生活，也教導他人如此生活。佛經中說，觀世音菩薩能於怖畏急難之中施予無畏，幫助眾生。

許多人是自身恐懼的受害者。如果我們能減輕一個人的恐懼，那是我們給予他最好的禮物。如果我們能幫助身邊的人，生活將充滿幸福。但如果畢生致力於樹立自己的名望與財富，便無法找到幸福。我們也許很有錢，有大房子或豪華汽車，但那並非眞正的幸福。只有幫助身邊的人，才能品味到眞正的幸福。我們可以從自己的家庭和身邊親愛的朋友們開始，在有能力幫助其他人之前，我們應先幫助自己的家人、親人和朋友。如果我們成功地幫助僧團中的兄弟姊妹，定能幫助我們愛的人。如果不能在日常生活中幫助我們的兄弟姊妹，如何幫助他人？幫助人減輕痛苦，這是至福，並將有持續的影響。

行事無過失——不做讓自己後悔的事，是至福的源泉。這意味著我們無憾於自己對待他人的言行。我們應時常問自己：「我是否無悔於我的老師、朋友、父親和母親？」這樣叩問，幫助我們避免做出讓自己遺憾的事情，也確保我們的言行不會傷害他人。當我們的言行無害，便有了無悔的未來。如果背負著悔恨，便不可能幸福。如果我們曾犯錯或說了造成傷害的話，可以通過重新開始的修習轉化過去的行爲和遺憾，承諾未來平和地行動和說話，這樣我們將獲得持久的幸福。轉化自己的心，發願不說或做會帶來悔恨的話語和事情，我們的心得到淨化，變得明亮，曾經的所有過錯都會消失。這是佛陀教導的修習。錯誤根植於我們的心，當我們轉化自心，就不會在未來犯同樣的錯誤。當我們轉化自心，將即刻得到淨化，罪惡感解除，黑暗的過去消失了。這是積極有益的懺悔和重新開始的修習。只有當我們決心向自己和僧團發願，不再做這樣的事、說這樣的話，我們的過失和內疚便會解除。但這需要堅定的決心——如果不在僧團和佛陀面前發願，我們的決心就不會那麼堅定。

因此，修習重新開始，帶著決心跪著接受五項正念修習，會讓我們對過去的悔疚感立刻消失。當我們的心不再充斥著悔疚，這種感受也就不復存在。不帶悔疚地生活，是佛教中修習懺悔和重新開始的原則。這是「行事無過失」的意思。

「諸惡皆莫作，
「眾善盡奉行，
「克己不沉迷，

「是爲最吉祥。」

我們的社會以這種方式運作：每天創造成千上萬孤獨的人。當我們內心充斥著這麼多的絕望和孤單，也就創造了一種空虛。我們感到被迫使塡補那個空虛，用毒品、酒精、無節制的性和各種摧毀身心的娛樂來遺忘痛楚。槍支、軍隊和監獄解決不了毒品和酒精的問題，緩解這種空虛感和孤獨的唯一方式，是創造年輕人能夠喜悅生活的環境。如果我們不能喜悅地生活，就無法幫助我們的孩子並爲之提供良好的環境。

任何可能傷害自己或他人的言行或思想都是不健康的，包括使別人受苦或傷害他人感受的玩笑。不僅受害者受苦，作惡的人也共享了這份痛苦。即使他人無法讀到你的心，你仍會因負面想法而受苦。你也許非常痛苦，儘管只有自己知道。

任何使我們頭腦昏沉的東西都可被視爲麻醉品，不管是毒品、酒精還是流言蜚語。我們攝取這些麻醉品，以爲它們會讓我們快樂。然而，只有當我們的心澄明時，才能眞正地快樂。

我們應精進地行善。如果有帶給自己和他人幸福的事情，我們應毫不猶豫地去做。這既讓他人受益，也讓自己品味到幸福的果實。這些善行即是吉祥，這些善行所帶來的幸福感也隨之而來。

「恭敬與謙遜，
「知足並感恩，
「及時聞教法，

「是爲最吉祥。」

謙遜，意味著你不將自己凌駕於他人之上。我們學習謙卑，尊重所有人，即使他們比我們年輕。應以謙遜和尊重對待孩子，孩子常常喚起我們心中眞正的滿足感與感恩，因爲他們對很少的東西就能感到知足。一根棍子就能爲孩子帶來數小時的快樂和娛樂。我們需要學會簡單生活，才能感到幸福快樂。當我們的生活簡單，就有更多時間接觸到生命的種種奇蹟。簡單生活是新文化、新文明的標準。隨著科技的發展，人們的生活愈來愈複雜。購物已經取代其他活動，成爲我們滿足自己的方式。幸福的標準是簡單地生活，在自己和身邊的人之間保持和諧與和平，不相互攻擊、懊惱或憤怒。我們應知足，這是過度欲求的解藥。你知道什麼是夠的，什麼於你已足。

有一句越南諺語：「知足便足，待足何時足。」這是指要安於「知足」。如果等到所有的需要和渴望都得到滿足，那我們也許永遠都在等待中。「知足」是指意識到這已足夠好，你的襯衫和鞋子可以再穿一年；三到四個人可以共享一張書桌，無須每個人都擁有自己的書桌。安於「足夠好」的簡單生活，立刻爲我們帶來知足、滿意和幸福。只要認爲自己的生活還不夠好，就不會幸福。一旦意識到自己的生活已足夠好，幸福即刻到來。這是知足的修習。

越南有一所佛學院叫「四恩」。只是修習感恩，我們就能找到幸福。我們應感恩我們的祖先、父母、老師、朋友、大地、天空、樹木、青草、動物、土壤、石頭。看著森林裡的陽光，我們滿懷感恩。看著我們的早餐，我們滿懷感恩。當我們活在感恩的精神中，生活便充滿幸福。感恩的人擁有更多快樂，不懂得感恩的人難以幸福。

如果有人給予我們教導和佛法開示，請感恩。把握一切機會學習佛法。佛法開示不是講座，而是讓我們有機會敞開自己，讓法雨滲入心識深處並得到滋養。聆聽佛法開示可以去除誤解和無明，以及我們的貪欲、憤怒和仇恨。我們清除的毒素愈多，心便愈輕安和自由，幸福因而成爲可能。幸福是由內向外的，依據這個原則生活的人將獲得持久的幸福。

「耐心受誨誡，
「親近出家人，
「修學論佛法，
「是爲最吉祥。」

當我們耐心接受誨誡，被糾正而不生氣或怨恨，便會發現幸福與我們同在。這很難，但如果我們的兄弟姊妹指出我們的錯誤，我們能做的最好的事是合掌感謝，臉上和心裡都充滿感激。

親近出家人是學習佛法的機會。很多年輕人喜歡在寺院與僧尼共處，這是巨大的福報。佛法討論是表達自己、傾聽並向他人學習的機會。我們可以分享自己的喜悅、困難、洞見、經歷和問題。使用愛語和深度聆聽，關注一些重要的問題，例如，如何爲我們的子孫、更大的社群和整個地球創造一個良好的環境？

「精勤和清靜，

「學微妙眞理，

「實證涅槃法，

「是爲最吉祥。」

「精勤和清靜」是指生活在正念中，做好每一件事，無論行、住、坐、臥、工作還是吃飯。

四聖諦是佛教修習的核心。因爲四聖諦，我們才能修習並實現涅槃。涅槃是非常具體的——無熱惱，安穩，自在，幸福。實現涅槃，即當我們在世間生活時，解脫自在，離一切苦。所有煩惱消散，只有無盡的包容。這是對幸福的定義。因爲過去播撒了美善的種子，現在我們能夠與智者一起生活。在一個好的環境中，我們很容易種下美善的種子——和平、喜悅、自在、幸福的種子。

今天，我們有幸能安坐於健康的僧團中，精進而從容地修習；我們正收穫著過去播下的善種的益處。我們要繼續自己的道路，不放棄良好的環境。

「生活於世間，

「心如如不動，

「無憂無煩惱，

「是爲最吉祥。」

雖然我們仍生活在這娑婆世間，但我們的心可以是平靜自若的，無須爲所見所聞而慌亂。修習放下對我們的幸福至關重要。我們遠離摧毀身心的東西，釋放無法與滋養我們的生命奇蹟相連的焦慮和擔憂。我們放不下很多東西，所以錯過了與更重要的事物相連——觸手可及的清新療癒元素。我們被困在牢獄之中。懂得這些擔憂不是必要的，我們就能釋懷，幸福油然而生。就像你離開城市去鄉村享受郊區的景色，離開城市可能只需四十五分鐘或一個小時。當山丘出現，微風輕拂臉頰，你感到愉快，因為你已離開城市。我們都有這樣的體驗。你是否遇見過善於放下的人？朋友或老師可以提醒我們，幫助我們放下憂慮、欲望和擔心，從而自由自在地與此時此地的生命奇蹟相遇。如果我們看到有人生活在世間，不被生活的起落干擾，不陷入痛苦憂慮，這個人是自由、安穩的。看到這樣的人是至福。當我們培養了這些品質，所有的世俗煩惱都將煙消雲散，我們變得安穩，完全安詳。我們可以通過修習體驗當下的幸福，成為這樣的人。

「誰依此行持，
「處處也安穩，
「處處也喜樂，
「自身之吉祥。」

世尊說過，我們不應根據過去發生的事預測未來，而是把未來建立在當下的行爲上。我們的行爲即是我們的業，包括我們的身、語、意。生活在佛法之中，可以培植福德，幸福因而持久。無論置身怎樣的境況，都能找到幸福喜樂。不論去到哪裡，都能感受到佛法的安全庇佑。無論置身何處，都能感到強大而安穩。安穩與喜樂來自我們的修習，至福不會從天而降，它是每個人爲自己培植的吉祥。

一默如雷

釋眞士嚴譯

引言

佛陀在《蛇喻經》中敦促我們要睿智地修學佛法，不執著於概念和言詞。經文提醒我們，如果謹慎善巧地修學，當下就能體驗安樂幸福。這部經有二個版本：赤銅鍱部的巴利文版本和說一切有部的漢文版本。對於初修學佛法的人，這是一部非常好的入門經典。對於修習已久的人，這部經會帶來清新與活力。

佛法甚深微妙，但佛陀總是以簡易的方法來演繹。舉例來說，當佛陀教導緣起時，佛簡單地說：「此有故彼有。」這聽起來不難理解，卻非常微妙，有人因而誤解了這個教導。

佛陀說《蛇喻經》，是因為看到許多人，當中包括佛陀的出家弟子，都錯誤地理解和誤傳佛陀的教導，其中一個例子是三法印：無常、無我和涅槃。三法印是用以開啓實相之門的鑰匙，但世世代代不斷被誤解。在經中，佛陀教導我們修習時要像一位懂得如何捕蛇的人，才不會被蛇咬到。讀這部經之前，我從未聽過有人將自己的教導比喻爲蛇，修學不得其法可能會帶來危險。

許多人認爲佛陀相信虛無和斷滅，那非事實。佛陀教導我們超越有與無、常與斷這些對立。佛陀在《蛇喻經》中用了兩個譬喻——蛇喻和筏喻——來提醒我們學習和修行佛法時要非常善巧謹慎。佛法好比用來渡河的筏，到達彼岸後，我們要放下筏子，將其留在岸邊讓其他人使用，而非一直把它帶在身邊。

佛陀曾經表示：「四十五年的教導，我什麼也沒說。」這聲明就像獅子吼。在《維摩詰所說經》❶中，文殊菩薩讚揚維摩詰居士的靜默時說：「維摩一默，其聲如雷。」其沉默的力量足以解脫眾生的苦惱繫縛，猶如佛陀在《蛇喻經》中的獅子吼：「法尚應捨，何況非法。」我們要理解佛法，就應有這樣的精神。希望此經能幫助人們清除內在言詞與概念的雲霧，讓正法之光照耀在理解之心上。

《蛇喻經》

這是我聽到佛說的。那時佛住在舍衛國勝林給孤獨園。其時，原本是位馴鷹師的阿梨吒比丘有此錯誤知見：「我知道佛教導享受欲樂並非修行的障礙。」眾多比丘聽到後去找阿梨吒，問他：「阿梨吒師兄曾說，根據師兄的理解，佛教導我們享受欲樂並非修行的障礙，是嗎？」

阿梨吒比丘答：「各位賢友，是的。我理解佛陀並不視享受欲樂爲修行的障礙。」

比丘們說：「阿梨吒師兄請不要這樣說，不要誣謗佛，世尊從未這樣說過，誣謗世尊是有過失的。阿梨吒師兄，世尊用許多譬喻來說明欲樂是修行的障礙。師兄應該捨棄錯誤的知見。」雖然比丘們這樣說，但阿梨吒不聽取，仍執著於自己的錯誤知見，堅持自己的想法是對的，其他意見是錯的。

比丘們如此再三勸告阿梨吒比丘無果後，起身離去。他們去到佛處，頂禮佛足，退坐一旁，恭敬地對佛說：「世尊，阿梨吒比丘有錯誤的知見，認

註釋：

❶大正藏第十四冊四七五經。

爲根據佛陀的教導，欲樂並非修行的障礙。我們聽到後便去找阿梨吒師兄，問他是否這樣說，請他不要誣謗世尊。世尊從未這樣說過，誣謗世尊是有過失的。我們再三勸告阿梨吒比丘無果後，起身離去。」

聽後，佛對一位比丘說：「你去阿梨吒比丘處，對他說：『世尊喚你。』」那位比丘遵循佛陀的指示，起身頂禮佛足，繞佛三匝，然後離去，前往阿梨吒比丘處。阿梨吒聽到佛陀的呼喚，即刻來到佛處，頂禮佛足，退坐一旁。

佛問：「阿梨吒，你說根據你的理解，我教導欲樂並非修行的障礙，是嗎？」

阿梨吒答：「世尊，我的確相信世尊教導，欲樂並非修行的障礙。」

佛訶責道：「阿梨吒，你怎會如此認爲？你從哪裡聽到我曾如此說？你是一個愚癡的人。我從未說的，你卻言是我說的。聽到比丘們的勸喻，你應當放下這錯誤的知見。」

然後，佛問諸比丘：「你們有聽我說過欲樂並非修行的障礙嗎？」

比丘們答：「世尊，沒有。我們從未如此聽聞。」

佛問：「你們聽到我怎樣說？」

比丘們答：「我們曾聽世尊說欲樂是修行的障礙。世尊常教導欲樂就如骨頭，如一塊肉，如火炬，如火坑，如毒蛇，如夢，如借來之物，如樹果。」

佛說：「比丘們，對的，我常如此說。欲樂是障礙。欲樂如骨頭，如一塊肉，如火炬，如火坑，如毒蛇，如夢，如借來之物，如樹果。阿梨吒這個愚癡的人，顛倒地理解我所教導的文字和義理，誣謗我，也傷害到自己，犯了戒律。這樣的過失令梵行智者不樂。」

聽到世尊如此訶責，阿梨吒低頭默然，心懷憂慼，無言以對。

訶責阿梨吒後，佛教導諸比丘：「我的教法，比丘們應先透徹理解其義理，然後付諸行持。如果仍未透徹理解其中的義理，應向我、智者和修梵行者提問。爲何？有些人對教法的文字與義理有錯誤的理解，對我所說的正經、歌詠、記說、偈頌、因緣、撰錄、本起、此說、生處、廣解、未曾有法及說義有顛倒的理解。有些人學習教法只是爲了爭論，不是爲修行和解脫，因而無法得到教法的眞義。他們受許多苦，卻毫無益處，徒令自己勞累。

「比丘們，譬如有人在曠野捕蛇。如果他用手捉蛇，蛇會轉過頭來咬其手、腳或身體其他部位。如此捕蛇，受許多苦，卻毫無益處，因爲他不懂得捕蛇的方法。

「比丘們，學習教法的人如果缺乏善巧，也是如此。因爲不懂得學習的方法，因而對教法的文字與義理有顚倒的理解。聰明的人懂得善巧地接受教法的文字與義理，不會有所誤解。他們的學習不是爲了爭論，而是爲修行和解脫，因此他們不用受許多苦，也不勞累。

「比丘們，善巧學習教法的人就如同捕蛇之人，懂得使用有叉的長棍來捉蛇。他到曠野見到一條大毒蛇時，用棍按著蛇頸，然後用手捉住蛇頭。雖然蛇能用蛇身纏繞捕蛇人的手、腳或身體其他部位，但咬不到捕蛇的人。如此捉蛇不用受許多苦，也不勞累，因爲他懂得捕蛇的方法。

「善男子、善女人學習教法時，亦需善巧地理解教法的文字與義理，才不會誤解。他們學習教法不是爲了爭論，而是爲修行和解脫，因此不用受許多苦，也不勞累，他們就如同懂得用長棍捕蛇的人。

「比丘們，我已多次對你們說筏喻法，叮囑你們要懂得捨棄木筏，不要緊抓不放。譬如一天河水高漲造成泛濫，許多東西在漂流，有人想渡水到彼岸，但那裡沒有船隻也沒有橋梁。他會想：『我有事要到彼岸，用什麼方法才能安全到達呢？』他這樣想，然後開始收集一些草木，紮成一隻木筏，用木筏安全渡水到對岸。到了對岸，這個人想：『我花了許多功夫才紮成這隻木筏，用它安全涉水到此岸，我不想捨棄它，我要將此木筏抬在肩上或頂在頭上繼續前行。』他這樣說，然後這麼做。比丘們，你們認爲這樣做有益嗎？」

比丘們答：「沒有，世尊。」

佛說：「他應怎樣處理那隻木筏才是有益的呢？他應該想：『這隻木筏幫我安全渡水，我應將其置於水邊或岸上，讓來到這裡的人有機會使用。』

比丘們，這樣想、這樣做有益嗎？」

比丘們答：「有益，世尊。」

佛教導：「我已多次為你們說筏喻法，教你們捨棄木筏。法尚應捨，何況非法。」

＊　＊　＊

「比丘們，有六見處，即六種錯誤知見，我們應捨棄。何謂六見處？

「首先是色身。無論屬於過去、未來還是現在，內或外，細或粗，美或醜，近或遠，這色身並非我所有，並非是我，亦非神我。比丘們應如此觀照，以看到色身的實相。

「第二是感受。

「第三是認知。

「第四是心行。

「這些現象，無論屬於過去、未來還是現在，內或外，細或粗，美或醜，近或遠，都並非我所有，並非是我，亦非神我。

「第五是心識。我們的所見、所聞、所識、所知、所觀、所思，不論今生或未來世，都並非我所有，並非是我，亦非神我。

「第六是世界。有人如此想：『這是神我，這是世界，這是我，死後我將繼續存在不變。』我們應觀照，看到這世界並非我所有，並非是我，亦非神我。如此觀照，能看到世界的實相。」

聽到這裡，一位比丘站起來，偏袒右肩，恭敬合十，問佛：「世尊，有任何內在因素令恐懼和焦慮生起嗎？」

佛教導：「有。如果比丘如此想、如此說：『那些以前無的變成有，現在又變成無。』他開始感到憂愁、悲傷和苦惱，這是由內在因素引起的恐懼和焦慮。」

這位比丘又問：「世尊，有任何外在的因素令恐懼和焦慮生起嗎？」

佛教導：「有。如果比丘如此想、如此說：『這是神我，這是世界，這是我，我將永恆存在。』然後他遇到佛，或佛睿智又善於說法的弟子，教他如何捨離對我和我所的執著，並教導他如何放下我慢、纏使和漏惑，他想：『世界到此爲止了，我得放下一切，我並非世界，並非是我，並非神我，我不會永恆存在，死後我將完全斷滅，沒有什麼可期盼的，也沒有什麼值得喜悅或紀念。』如此想，他感到憂傷和苦惱，這是令恐懼和焦慮生起的外在因素。

「比丘們，你們認爲五蘊和我是常住不變、不壞滅的嗎？」

「不是，世尊。」

「有什麼是我們貪愛執取而不造成憂慮、悲苦和絕望的嗎？」

「沒有，世尊。」

「很好，因爲有我的觀念，因此有我所的觀念。如果沒有我的觀念，就沒有我所的觀念，我和我所的觀念都是不可執取和無法成立的。如果心中生起這些錯誤知見，將使我們被煩惱纏縛。這些纏縛從不可執取和無法成立的概念中而生。你們看到這些錯誤的知見嗎？你們看到阿梨吒比丘執取錯誤知見的結果嗎？

「如果比丘們不視這六見處（色身、感受、認知、心行、心識、世界）

爲我或我所，他的生命將不會被煩惱束縛。不被束縛，就無恐懼。因無恐懼而證得涅槃，不再受生死輪迴之苦。清淨的梵行已經成就，應做的已成辦，看到眞理實相，不再生死輪迴。這樣的比丘如同塡平壕溝，越過壕溝，攻破城廓，打開城門，看到究竟智慧的明鏡。

「比丘們，何謂『塡平壕溝』？意思是那人已知道和看清無明的本質，無明被根除，無法再生起。

「比丘們，何謂『越過壕溝』？意思是那人已知道和看清『有』和『愛』的本質，『有』和『愛』被根除，無法再生起。

「比丘們，何謂『攻破城廓』？意思是那人已知道和看清生死輪迴的本質，生死輪迴被根除，無法再生起。

「比丘們，何謂『打開城門』？意思是那人已知道和看清五下分結的本質，五下分結被根除，無法再生起。

「比丘們，何謂『看到究竟智慧的明鏡』？意思是那人已知道和看清我慢的本質，我慢被根除，無法再生起。

「比丘們，如來已證得圓滿解脫。帝釋天、生主，梵天及其眷屬，不論如何尋找，也找不到如來心識的任何痕跡或所依處。如來常說：『如來清淨、清涼，無熱惱。』我這樣說時，眾沙門、婆羅門誣謗我，說我妄語。他們說：『眾生眞實存在，沙門瞿曇卻設立虛無斷滅之見。』他們說的，我從未說過。如來只說滅苦之道能帶來無畏。如果他人埋怨、指責、批評、捶打如來，如來不起瞋恚，不生怨恨、傷害之心。如果有人尊重、恭敬、禮拜、供養如來，如來如何反應？如來會想：『如果有人尊重、恭敬、禮拜、供養如來，如來不感到歡喜。他們這樣做，是因爲如來已證得覺悟和轉化的成果。』

「比丘們，如果他人埋怨、指責、批評、捶打你們，你們也不應生起瞋恚和傷害之心。如果他人尊重、恭敬、禮拜、供養你們，你們也不應感到歡喜。爲何？因爲深觀，你會看到無我亦無我所。如果現在有人在外邊的園區拾起枯枝和乾草，帶回家燒和使用，我們會以爲他們帶回家燒和使用的是我們嗎？」

「世尊，不。」

「亦如此，如果他人尊重、恭敬、禮拜、供養或是埋怨、指責、批評我們，我們不應感到歡喜或心生瞋恚。爲何？因爲無我亦無我所。正法已清楚、完整地宣說，需要的只是聰慧和善巧地接受和行持。如果有正智和理解，其力量將無窮。如果能轉化五下分結，這一生就能達到涅槃，不退轉，不再輪迴生死。如果能轉化三種結使：貪、瞋、癡，命終時只需在天上人間再生一次，就能得到解脫。如果已得須陀洹，將不墮惡法，趣向正覺，只需在天上人間生死輪迴七次，就能得到解脫。如果相信正法，命終時就會生於善處，趣向聖善。」

比丘們聽到佛所說，歡喜奉行。（鐘鐘）

《阿梨吒經》中阿含二〇〇（相當於中部尼柯耶《蛇喻經》）

闡釋

此經的大意

我們學習佛法時必須小心謹慎，正確地理解佛陀的教義。如果錯誤地理解佛法，那不只是對佛陀的不公，對自己和他人也有害。我們不應爲了辯論或積累知識而學習佛法。學習佛法的唯一目的是修行。「無我」和「涅槃」的教導甚深微妙，但易被誤解。許多學習佛法的人，即使是佛陀在世時的弟子都誤解了佛，何況我們？我們必須謹慎誠懇地學習。佛法並非哲學，而是道路、方法，是幫助我們渡過苦海的筏子。

此經的緣由

佛陀說此經，是因爲其中一位弟子阿梨吒一再對其他比丘說欲樂並非修行的障礙。佛陀訓斥阿梨吒後，對阿梨吒和比丘們說了此《蛇喻經》。

經題

在南傳經典中，此經收錄於巴利藏《中部》二十二經《蛇喻經》（*Alagaddupama Sutta*）。在北傳經典中，此經收錄於《中阿含經》大品（二〇〇）《阿梨吒經》。

阿梨吒的錯誤知見

阿梨吒比丘相信，根據佛陀的教導，享受欲樂並非修行的障礙。其他比丘都知道欲樂帶來痛苦和繫縛，爲何阿梨吒卻說享受欲樂並非修行的障礙？是否因爲阿梨吒缺少智慧，無法理解這麼簡單的根本教理？或是他知道和理解，但意圖歪曲佛陀的教導，宣揚與佛法相反的教義？

阿梨吒比丘出家前是位馴鷹師，出家後在離舍衛城不遠的僧團修行。巴利藏的《阿梨瑟吒經》❷記載了佛陀曾經問那裡的比丘是否有修習正念呼吸。阿梨吒回答有，並向佛陀說明他修習的方法。佛陀未予回應，而是教導

❷南傳《相應部尼柯耶》〈入出息相應五十四〉第六經，北傳雜阿含八〇五經。

比丘們如何修行，讓他們定力更穩固。

在南傳律藏中，我們讀到比丘們三次勸告阿梨吒比丘，但他不願意放下自己的錯誤知見❸。之後，僧團裁定阿梨吒犯了波逸提❹，需要別住❺（Vinaya II，二十五至二十八頁）。我們也讀到，在阿梨吒別住期間，有些比丘不接受這項判罪，依然親近阿梨吒比丘，也同樣被判別住（Vinaya IV，一三五頁）。偷蘭難陀比丘尼（Vinaya IV，二一八頁）就因爲在阿梨吒比丘別住期間繼續與他接觸，而受到佛陀的提醒（Vinaya IV，一三七頁）。

當我讀到這些資料時，我認爲阿梨吒雖然固執，但他的意見能夠影響到其他僧尼，他應該不會是個缺少智慧的人。我們可以平心而論，看看爲何阿梨吒會誤解佛陀的教導，不願放棄錯誤知見。

對我而言，阿梨吒的錯誤知見可能是源於對安樂與欲樂的混淆。佛陀說，安樂能夠滋養我們，但欲樂卻帶來痛苦。有人認爲修行即是要修苦行，不應該享樂，即使是不會障礙修行的安樂。但是，佛法並沒有說我們不該享受清風，欣賞日落，口渴時喝一杯清涼的水，這些並不會爲我們帶來痛苦或纏縛，尤其是當我們享受這些事物時，了悟萬物無常。

❸亦見於《大正新脩大藏經》第二十二冊《摩訶僧祇律》卷第二十五、四分律比丘含注戒本六十八、《五分律》卷第八。

❹波逸提，梵語 pāyattika，巴利語 pācittiya 或 pācittika，墮之意，為比丘、比丘尼所受持具足戒中五篇罪之一。

❺別住，梵語 Ukkepaniya kamma，因為犯戒而受別開衆人而住的處分。

佛陀懂得欣賞這些簡單的樂趣。迦毘羅衛城的摩訶那摩國王供養午齋時，佛陀知道那是一頓美味的餐食。當佛陀與阿難尊者站在山上，看到山下金黃色的稻田，佛指給阿難看美麗的風景。當他們一起爬上靈鷲山或經過舍衛城，佛陀會對阿難說：「靈鷲山很美，是嗎，阿難？」「舍衛城很美，是嗎，阿難？」經典中這樣的細節顯示了佛陀不排除安樂的感受，或是說安樂是修行的障礙。反之，這些幸福喜樂可以滋養我們身心的健康，幫助我們在修行之道上前進。我們只需意識到萬物無常，時刻幻變，清風、日落的美景、靈鷲山和舍衛城，一切如是。佛陀如此教導，也在生活中時刻保持這樣的覺察。

佛陀教導，五欲——財、色、名、食、睡——是修行的障礙。然而，每天晚上有充足良好的睡眠，那完全不妨礙修行，反而有利於我們學習和修行。若是每天睡了大半天，那就是一種障礙，安樂變成了欲樂。同樣地，一頓清淡、健康、營養的飯食，如果我們正念地慢慢享用，深刻地接觸食物，那不會帶來修行的障礙。反之，若是沉迷於美食，花太多時間追求美味的食物，那就是修行的障礙，安樂變成欲樂。對於其他三種欲樂——財、色、名亦然。任何人都知道，如果我們沉迷於欲樂，那當然是修行道上的障礙。

也許阿梨吒比丘因為分不清安樂與欲樂之間的界線，而認為欲樂不會造成修行的障礙。他本身並未觸犯任何極重的戒律，例如淫戒。我們在律藏中讀到他沒有被僧團滅擯❻，即是說他沒有違反波羅夷法❼，只是違反了較輕

❻梵語 nāśanīyaj，又作擯出、驅擯，略稱擯，或指削除僧籍，即比丘七種治罰法之一。
❼Pārājika，指比丘應遠離之四重禁戒。

的戒，因而需要遵守「別住」紀律。

也許阿梨吒比丘曾聽到佛陀說，修苦行和自我壓抑是無益的。苦行之道並非解脫之道，虐待身體只會帶來身體的傷害，同時令我們沒有足夠的精神和體力修行。佛陀親身體驗過苦行，知道這並非有效的方法，因而放棄了這種修行，並勸說比丘們要捨棄這種極端之道。佛陀教導我們保護身心，飲食適量。也許因爲如此，阿梨吒比丘並不認同那些偏向修苦行的比丘們。

比丘們無法說服阿梨吒比丘放棄他的錯誤知見，也許是比丘們未能爲阿梨吒清楚分析和解說安樂與欲樂的分別，而只是用戒律和教條要求阿梨吒比丘放下他的錯誤知見。雖然比丘們裁定阿梨吒違反了波逸提，但他並未眞正順服。其他一些比丘亦未順從這樣的決定，在阿梨吒別住期間依然親近他，因而也同樣被要求別住。爲此，僧團中的一些比丘到給孤獨園向佛陀說明發生的事。可惜的是，《蛇喻經》除了「欲樂並非修行的障礙」之外，並未記錄阿梨吒比丘的其他見解。

欲樂的禍患

《蛇喻經》說明了沉溺於感官欲樂所帶來的禍患。在其他經典中也可以找到這樣的譬喻❽：

(1)欲樂是無肉的骨頭，將骨頭拋給饑餓的狗，無法解除其饑餓。同樣地，人無法從欲樂中找到幸福滿足。

❽見於《中部．波達利亞經》。

⑵欲樂是鳥兒啄咬住的肉，當一隻大鳥飛來爭奪那塊肉時，若鳥兒不放棄那塊肉，就可能失去生命。同樣地，欲樂可能奪去人的性命。

⑶欲樂是火炬，手執火炬而逆風吹時，火會燒到那人的手或臂，或身體的其他部分。

⑷欲樂是燒紅的熱炭，如果有人把你推到熱炭上，你會被燒死。

⑸欲樂是毒蛇，極度危險。

⑹欲樂是一場夢，短暫又不眞實。

⑺欲樂是借來之物，並不眞正屬於我們。

⑻欲樂是開滿果實的樹，人們來採摘果子時，會損毀枝葉。

在巴利藏的經典中，還有這二個譬喻：

(9)欲樂是尖銳的刃矛，可以刺穿我們的身體。
(10)欲樂是屠宰場，是眾生喪命的地方。

比丘和比丘尼都知道欲樂帶來禍患，是修行的障礙。佛陀說，沉迷於欲樂，使人失去自由。因此我們以修行保護自己，避免爲欲樂所困。這裡說的欲樂，與安樂不同。欲樂在此刻和將來，爲自己和他人都帶來痛苦和束縛；而安樂是修行道上我們身心健康所必須的。作爲修行人，我們應培養安樂。涅槃是最大的安樂。《蛇喻經》說如來清涼、無熱惱、無憂悲，那即是涅槃的狀態。

誤解佛法的危險

阿梨吒一定是曾經聽過佛談及安樂，但他未能分別安樂與欲樂。這是阿梨吒的誤解。但我們不要以爲阿梨吒是唯一誤解佛陀教導欲樂是禍患的人，很可能有些比丘也無法分別欲樂和安樂，因此害怕兩者。今天，亦有修學佛法的人害怕喜悅和快樂，不敢享受任何美麗的東西，因爲他們聽說萬物皆無常，含藏苦種，他們甚至不敢欣賞鮮花的綻放或壯麗的日落。事實上，對萬物無常、含藏苦種、無獨立自我的覺知，不妨礙我們欣賞萬事萬物。阿梨吒比丘一定遇過無法分辨欲樂和安樂的比丘，因而傾向於另一極端，說感官欲樂並非修行的障礙。因爲他走得太偏了，因此佛陀需要糾正他。佛教導：

「我的教法，比丘們應先透徹理解其義理，然後付諸行持。如果仍未透徹理解其中的義理，應向我、智者和修梵行者提問。」

智者，是指有所證悟的人，而不是積累知識的人。修梵行者，是指清淨生活的人，而不是只在形式上修苦行的人。

人們誤解佛法的義理有兩個原因：第一是缺少智慧和善巧，因而錯誤地理解佛法的文字和義理；第二是學習佛法只是爲了爭論和名聲。爲了在爭論時得到勝利而學習佛法的人，忘了修習是爲了離苦。但這不等於說所有爲了解脫而學習佛法的人都走在正道上。也許方向是正確的，但如果要理解佛經的義理，還需智慧和善巧，否則只會受許多苦，卻毫無益處，徒令自己勞累。佛教導：

「聰明的人懂得善巧地接受教法的文字與義理，不會有所誤解，他們的學習不是爲了爭論，而是爲修行和解脫，因此他們不用受許多苦，也不勞累。」

善巧地接受經文的文字和義理，不曲解，是學習正法的鑰匙。這種善巧常常伴隨著聰明，即智慧。學習佛法時要善巧和智慧，否則理解將與原本的義理相反。

捕蛇

在此經中，佛陀以捕蛇爲喻。佛說善巧聰明的捕蛇人會用一枝有叉的長棍按著蛇頭，然後用手捉住蛇頭，這樣蛇就不會轉過頭來咬到他。這是非常適合的譬喻：

「比丘們，譬如有人在曠野捕蛇。如果他用手捉蛇，蛇會轉過頭來咬其手、腳或身體其他部位。如此捕蛇，受許多苦，卻毫無益處，因爲他不懂得捕蛇的方法。

「比丘們，學習教法的人如果缺乏善巧，也是如此。因爲不懂得學習的方法，因而對教法的文字與義理有顚倒的理解。聰明的人懂得善巧地接受教法的文字與義理，不會有所誤解。他們的學習不是爲了爭論，而是爲修行和解脫，因此他們不用受許多苦，也不勞累。

很少人會將自己的教導比喻爲蛇，也少有人會說，如果錯誤理解和不適當修學自己的教導，是危險的。佛陀從未說他的教導是絕對眞理。佛法是引導我們修行的善巧方便，要正確地應用這些教理，就必須聰明和善巧。否則，這些教理也許會造成危險。有時，佛陀被喻爲良醫，佛法是良藥，如果正確地服用，病就能痊癒；但如果錯誤地服用，會對人的性命造成威脅。佛法被誤解，被錯誤地修習，在佛陀在世時也曾經發生。一次雨安居時，在衛舍離附近的大林，有些比丘因爲聽到和不淨觀、無常和無我有關的教導而尋死。比丘們親聞佛陀的教導，卻完全誤解其意。佛在世時，也能有這樣的誤解，更何況我們是間接聽到經過許多個世紀口傳、筆錄和翻譯而成的教理。我們應聰慧、善巧、謹愼地學習。

筏喻法

佛陀以蛇喻說明修學缺少聰慧和善巧的危險，然後再用另一個譬喻——筏喻法，幫助我們不執著於佛法教義。

「比丘們，我已多次對你們說筏喻法，叮囑你們要懂得捨棄木筏，不要緊抓不放。譬如一天河水高漲造成泛濫，許多東西在漂流，有人想渡水到彼岸，但那裡沒有船隻也沒有橋梁。他會想：『我有事要到彼岸，用什麼方法才能安全到達呢？』他這樣想，然後開始收集一些草木，紮成一隻木筏，用木筏安全渡水到對岸。到了對岸，這個人想：『我花了許多功夫才紮成這隻木筏，用它安全涉水到此岸，我不想捨棄它，我要將此木筏抬在肩上或頂在頭上繼續前行。』他這樣說，然後這麼做。比丘們，你們認爲這樣做有益嗎？」

比丘們答：「沒有，世尊。」

佛說：「他應怎樣處理那隻木筏才是有益的呢？他應該想：『這隻木筏幫我安全渡水，我應將其置於水邊或岸上，讓來到這裡的人有機會使用。』比丘們，這樣想、這樣做有益嗎？」

比丘們答：「有益，世尊。」

佛教導：「我已多次爲你們說筏喻法，教你們捨棄木筏。法尚應捨，何況非法。」

「法尙應捨，何況非法。」這有力的宣說好比獅子吼，能夠幫助修行者捨棄千世以來固執的態度。《金剛經》重複了此宣說。而臨濟禪師的棒喝，只是佛陀獅子吼的回音。佛陀教導的無常、無我、空性和涅槃並非理論，而是幫助我們修習的方法。如果我們聽聞這些教導，視其爲理論，便被困其中了。佛在世時和現今，許多人將學習佛法視爲理論和知識上的滿足，爲自己能夠明白佛教的思想體系而自豪，並用作戲論❾。戲論不同於佛法討論。在佛法討論中，我們與同修交流佛法，以燃亮我們的修行之道。

無常、無我和空性的教導，是爲了幫助我們從執著和苦痛中解脫。如果學習和修行這些教義，卻未減少痛苦和執著，即是未眞正理解佛法的文字和

❾謂錯誤無意義之言論，又即違背真理，不能增進善法而無意義之言論。

義理，只著重形式，未接觸到教法的內涵。筏喻法說的是這種態度：不用木筏來渡到彼岸，卻把筏抬在肩上或頂在頭上前行。有木筏卻不用來渡到彼岸，即是沒有善用其功能，這好比學習佛法卻只視之爲理論，這無法幫助人脫離痛苦和執著。

「法尙應捨，何況非法。」使我們困於其中的，就不是正法。我們必須了解至關重要的一點：當我們想到彼岸卻仍被困於佛法教義，尙未眞正理解所學的，我們便是被蛇咬了。也許我們並非眞的想到彼岸，只想談論到彼岸之事而已。這是錯誤地學習佛法。

涅槃即是捨離一切執著，首先是對概念的執著，包括無常、空性、無我和涅槃的概念。佛陀在《大寶積經》中說：「一切諸見以空得脫。若起空見者，彼則不可治。」❿這也同樣適用於無常、無我和涅槃及佛法的任何教理。所有教導都是幫助我們修行的方法，而非對實相絕對的詮釋。如果不懂得使用佛法教理，我們將被困其中，成爲其奴隸。如此，這些教理不僅無法使我們受益，反而對我們有害。將筏子抬在肩上前行，徒增勞累，我們無法到達彼岸。

以手指月

《楞嚴經》說：「如人以手指月示人，彼人因指當應看月。若復觀指以爲月體，此人豈唯亡失月輪，亦亡其指。」若有人以手指指月，而看的人以爲手指就是月，那人不但無法看到月，也無法看到那手指。《楞伽經》又

❿大正藏第二十六冊 No.1523 第三卷大寶積經論卷第三。

說：「如愚見指月，觀指不觀月。」佛經中的所有教導都是指月之指。指月之指並非月，我們不應認爲那手指就是月，就如木筏並非彼岸。佛陀的教導並非智慧本身，而是達到智慧所需的指引，就如巴黎地圖並非巴黎。

太虛大師談到佛教教理的本質和影像。教理的本質是智慧，是佛陀在菩提樹下證得的眞理，並未以言語或概念來詮釋。佛陀開始在鹿野苑傳法後，才有「影像教理」，教理得以用言語和概念來演繹。「影像教理」只是眞理的影子，而非眞理本身，就如樹影並非樹。我們可以通過學習「影像教理」接觸到教理的本質，就如我們看到樹影，然後接觸到樹。

野雞

在《百喻經》中，我們讀到一個關於言語和概念的故事——病人食雉肉喻。一個愚笨的人病了，醫生前來診治，說只有野雞能治好他。醫生離去後，病人日復一日不斷地重複說「野雞」。幾個月過去，他並未痊癒。一天，有位朋友來探望他，聽到他不停地重複說「野雞」，便問他原因。他解釋說那是醫生的囑咐。他的朋友覺得他太可憐了，於是拿起筆畫了一隻野雞，告訴他：「野雞是這個樣子的，你病了，要吃野雞才能痊癒，只是嘴巴在念，病怎麼會好？」朋友離開後，他把畫在紙上的野雞放進嘴裡吃了，但病情仍未改善。於是他僱用畫師畫了數百隻野雞，然後把所有畫在紙上的野雞放進嘴裡咀嚼並吞下。他的病情不但沒有改善，反而惡化了。他不得不再找那位醫生。

醫生看到他那個樣子，心生憐憫，於是握著他的手，帶他到了市場，買了兩隻野雞，再陪他回家，為他做好野雞，然後看著他吃。如此，他的病痊癒了。

聽到這個故事，我們會覺得那個人是多麼愚癡，但細想，我們比那個人好不了多少。我們學習佛法時，可能缺乏善巧聰明，視佛教教理爲理論，並未下決心希望得到解脫。如此，我們和那個愚人沒有分別。我們執著於言語和概念，無論學習還是行持方面，數息、慈悲觀或念佛，都缺乏善巧和聰慧。因爲執著於形式，智慧不容易生發。

破執

《蛇喻經》的要旨不在於解釋欲樂的禍害，也不是要解說無我、涅槃或如來這些概念，雖然經中有提及。此經的目的在於破除執著。佛陀教導我們不應執取任何東西，即便是佛法。因此，「法尚應捨，何況非法。」才是此經的精髓。破除執著的精神和方法，是佛教非常重要的元素。

破執⓫是最善巧和聰慧的修學之道。學習佛法是爲了理解和修行，而非積累知識。見，在佛教中稱爲「所知」，如果沒有善巧運用，會造成理解的障礙——「所知障」，梵文是 jñeyāvaraṇa，即成見和固執。放下所知，我們能夠達到更深的理解。就如爬梯，如果我們不捨離第五級，就無法爬到第六級。以爲第五級就是最高，便是所知障。

《百喻經》中有另一個故事。一天，一位年輕的父親外出，把兒子單獨留在家中。一群賊人洗劫整個村落，燒毀所有房子，綁架了村裡的孩子們，包括這名年幼的男孩。那位父親回到村裡，極度悲痛。他的家被燒成灰燼，他

⓫ 謂破除有實我、有實法的執見。

在附近看到一具燒焦的孩童屍體，以爲那就是他的兒子。他痛哭，用雙手搥胸。他爲兒子舉行了葬禮，並把骨灰放在一個錦囊裡，無論到哪裡都帶著。一天，男孩逃離了賊人處，找到回家的路，來到父親重建的房子前。男孩敲門，但父親只是握著那個錦囊痛哭，怎樣也不肯開門。儘管兒子在門外說出了自己的名字，那位父親仍確信兒子已經死了，認爲門外那位男孩是在捉弄他，讓他更痛苦。最後，男孩不得不放棄並離去，父子兩人永遠無法重聚。如果我們執著於所知並視之爲眞理，即使眞理來敲門，我們還是不會開。

一默如雷

在《相應部》，我們讀到一位遊方者婆蹉衢多探訪佛並問：「喬達摩尊者，『我』存在嗎？」佛靜默不語。過了很久，婆蹉衢多又問：「那麼，

『我』不存在嗎？」佛還是靜默不語。遊方者婆蹉衢多等了許久不見回答，離座而去。婆蹉衢多離開後，阿難尊者問：「世尊經常在開示中說無我，何以世尊不回答遊方者婆蹉衢多的提問？」佛說：「我對比丘們開示關於無我的教義，是引導你們修觀，而非理論。如果視之爲理論，就會執著其中。遊方者婆蹉衢多尋找的只是理念，而非用來修行的方法。因此我保持靜默，我不希望婆蹉衢多被理論所困。若我說『有我』，那與我的教導相反。若我說『無我』，他會視之爲教條而把它變成一種理論，這對他和任何人來說都是無益的。爲此我靜默不語。」

我們在《維摩詰經》中看到雷鳴般的靜默。沉默無語，卻留下了如雷一般的聲音，有能力解脫我們，那無異於「法尚應捨，何況非法。」這樣的獅子吼。我們要以這樣的精神去理解《蛇喻經》。

相即共修團[12]的第一項正念修習，便是這種破執精神的體現：「覺知到盲信和缺乏包容所造成的痛苦，我們決意不盲目崇拜或受限於任何觀念、理論和學說，即使是佛教義理。我們視佛陀的教導爲幫助我們培養智慧和慈悲的修習指引，而不是以爭鬥、殺戮或犧牲自己來捍衛的教義。」要以爭鬥、殺戮或犧牲自己來捍衛的，那就不再是佛法教義了，學佛的人已被困其中。

在佛教的五戒[13]中不殺生被列爲第一戒。然而，不殺生戒並非佛教獨有。尼犍子的耆那教派在修習不殺生方面遠比佛教嚴謹，但若以破執的精神而言，佛教中不殺生的修行要比耆那教更深遠。執著於理論或意識形態的人，可能會犧牲數以百萬計的人命來捍衛自己的主張，並視之爲絕對眞理和唯一能爲人類帶來幸福的方法。手握一枝槍，可能殺死一個、五個或十個人。但若堅持某種主張或思想體系，可能殺害數以萬計的人。因此，基於破執的精神持守不殺生戒，才是佛陀教導的眞義。

無我

無我的教義是最爲人誤解的教理之一。在經典中，當佛陀說許多人誤解了佛的教導時，常以無我爲例。誤解佛法的人包括婆羅門。在《蛇喻經》中，佛陀再一次釐清無我的教理。

⓬相即共修團，在越南稱為「接現」，由一行禪師一九六六年在西貢建立，成員包括出家衆與在家修習者，致力於日常生活中踐行十四項正念修習。這些正念修習建基於大乘佛教菩薩行之精髓。

⓭梅村重新演繹為五項正念修習，第一項正念修習是尊重生命。

無我可以普遍和簡單地定義爲沒有不變和恆常的實體，無論人或是物。萬物，包括人，皆非恆久不變、永遠如一的實體。一切時刻都在變化中，沒有一個恆常不變的「我」。

佛陀說到六見處，即六種錯誤認知，基於這些認知而有「我」這個概念。我們應捨棄此六見處。處，指命題、領域。我們以自己的見解爲所依之處，因此見處（ditthi-tthana）亦稱爲依處（ditthi-nissaya）。六處即色、受、想、行、識和世界，首五處即五蘊。佛陀在許多經典中說：「色身，無論屬於過去、未來還是現在，無論是自己的身體還是他人的身體，無論粗或細，無論美或醜，近或遠，皆非『我』，非『我所』，非『神我』⓮。比丘們應如此觀照，以看到色身的眞相。」

佛陀說有三種我見。第一，這身體是「我所」。我們不將身體視爲

「我」，而將身體視爲我所擁有的，獨立存在於我之外。第二，這身體是「我」。身體就是我，身體和我是一。第三，這身體是「神我」。神我指的是精神本體，是宇宙的本質，存在於萬事萬物之內。身體並非個人獨自擁有，並非獨立的我，而是宇宙的精神本體。

佛在世時，人們對於「我」有不同的說法。在古印度的婆羅門教，我們看到有類似泛神論的信仰。根據其看法，神我無處不在，梵天是宇宙萬物中永恆和絕對的要素。梵天有時被演繹爲「大我」（mahatman）或「眞我」（paratman）。在每一個物種、每一個人皆有該大我的光線，可稱之爲「我」或「小我」，它也有相同絕對永久的本質，均不受無常和生滅規律所支配。

⓮在漢文《蛇喻經》中，亦譯作「真我」或「神」，一行禪師譯作「神我」。

當小我與大我合一，就會帶來解脫。這種說法過於概括。在《吠陀經》和《奧義書》中還有很多對「我」和「神我」的說明，有些頗爲復雜。《梵網經》中說：「今言我者。非同凡夫我相之我。亦非外道神我之我。」這樣的教導，我們應以當時婆羅門教的信仰作爲背景來理解。

身體非我，非我所，非神我。感受亦非我，非我所，非神我。認知、心行和心識也如此。五蘊中的每一蘊皆如此，五蘊聚合也如此，正如《蛇喻經》中說：

「我們的所見、所聞、所識、所知、所觀、所思，不論今生或未來世，這些都並非我所有，並非是我，亦並非神我。」

然後，佛陀繼續教導第六見處——世界：

「第六是世界。有人如此想：『這是神我、這是世界、這是我，死後我將繼續存在不變。』我們應觀照，看到這世界並非我所，並非是我，亦並非神我，如此觀照，能看到世界的實相。」

從這段經文，我們可以清楚看到佛陀提到婆羅門教關於神我的信念——宇宙中恆久不滅的精神本體。在《梵網經》中，佛陀說：「比丘們！有一些常恆論的沙門、婆羅門尊師，他們以四種根據安立眞我與世界是常恆的。」

通常佛陀說五處，即五蘊已經足夠。學習佛法，我們知道第六處——世界，也包含在五蘊中。世界是心識的對象，世界是心識。心識的對象，稱爲「法」或「法塵」。佛陀加上了第六見處，是藉此機會詳細說明神我是宇宙恆久不變的精神本體這種見執。

在《蛇喻經》的巴利文版本中，我們讀到「so loko so atto……」，意思是「這是世界，這是神我。」我們可以將之理解爲「世界是神我，神我是世界。」在《無我相經》[15]，佛陀成道後在鹿野苑對五比丘說的第二部經，佛陀說因爲無我，因此五蘊非常在，亦無自主。如果有我，則會是常在和自主。我們希望五蘊常在、永恆和美麗，但卻不能如願。這是無我的一個例證。在經中，佛陀說：「比丘們，色身非我。若色身是我，色身就不會帶來煩惱，我們能主宰色身：色身應這樣，色身應那樣。但因爲色身無我，因此它帶來煩惱，我們無法主宰色身：色身應這樣，色身應那樣……對於其他蘊，即受、想、行、識，亦如此。」在這裡，佛陀將「我」定義爲擁有絕對自主的實體。因爲這樣的自主不存在於五蘊，因此我們知道五蘊「無我」。

見依

人們爲了安心，不用害怕虛無和斷滅，因而執取「我」這個概念，這是人類普遍的需要。即使最忙碌的人，有時也無可避免地會想到生死這個問題。無論死亡是無可預計，乍然而至，還是許久以後才發生的事情，人們都可能會想死後不知去往何處，會否變成「無」。人們害怕「無」，因此傾向於執著地相信有一個永恆不滅的神我。有時人們會想去辯護有一個「我」。哲學家笛卡爾說「我思故我在」，表明了人的這種需要。

人們傾向相信有一個「我」，認同其身、受、想、行、識、世界爲「我」，相信世界永恆存在，世界是神我，我是世界，我將會與世界一直存在，這是對「我」的執取。根據佛教，一切皆無常，五蘊如是，世界亦如是。去尋找一個常在的「我」是徒勞無功的，猶如依止一座用沙堆成的城

⓯《相應部》卷三第六十六頁。

堡，城堡遲早會倒下。去尋找永恆的「我」，最終只會帶來焦慮、疲憊、憂傷、痛苦和絕望。我們可以從《蛇喻經》的這一段看到這一點：

「比丘們，你們以爲五蘊和我是常住不變、不壞滅的嗎？」

「不是，世尊。」

「有什麼是我們貪愛執取而不造成憂慮、悲苦和絕望的嗎？」

「沒有，世尊。」

以「我見」爲所依，稱爲「見依」。只要「見依」還在，就有恐懼、痛苦和失望。我們要放下一切「見依」，相信有一個恆久的「我」是無用和危險的。當有一天，無論什麼原因，如果我們失去了這個信念，會變得混亂和絕望。我們從認爲有一個常在的「我」這種見執，掉進了「斷滅」的深淵。從一個極端到另一個極端，我們將會無窮迷失和痛苦。以下這段經文說及了這種危險：

聽到這裡，一位比丘站起來，偏袒右肩，恭敬合十，問佛：「世尊，有任何內在因素令恐懼和焦慮生起嗎？」

佛教導：「有。如果比丘如此想、如此說：『那些以前無的變成有，現在又變成無。』他開始感到憂愁、悲傷和苦惱，這是由內在因素引起的恐懼和焦慮。」

在這裡，「那些」是指「我」。母親生我之前，沒有我；母親生了我，自然就有我。我曾經認爲有「我」，現在卻看到沒有一個「我」，我是虛無，我什麼都不是。這是從見執「有」變爲見執「無」，從見執「常」變爲見執「斷」。這些都是邊見，即偏執一邊的見解。佛陀的慧見超越這些邊見，安住於中道。非有亦非無，不常亦不斷。

有學者把「那些」解釋爲對比丘們的物質供養，那是錯誤的。未能掌握經文的意思，就等於從蛇尾捕蛇。「那些」是指對「我」的執取，也可以指相信有神靈和天堂。沒有這種信仰，人們可能感到迷失；有了這樣的信仰，人們感到安心，但卻執取其中。以憂慮或貪愛心執著其中，如果有一天經歷劇變而失去這信仰，我們將無窮痛苦，將憂愁、悲傷和苦惱。佛陀問：「有什麼是我們貪愛執取而不造成憂慮、悲苦和絕望的嗎？」

女神歲月無痕——永遠對生命熱情
保持感性與性感，並以靈性來增長智
作者／克里斯蒂安．諾斯拉普醫生（Dr. Christiane North
定價／630元
美國第一婦產科權威、

畫出你的生命之花

自我療癒的能量藝術

作者／柳婷 Tina Liu
定價／450元

靜心覺察、平衡左右腦、激發創造力

生命之花是19個圓互相交疊而成的幾何圖案，象徵著宇宙創造的起源，這古老神祕的圖騰，不僅存在於有形無形的萬事萬物中，也隱藏在你我身體細胞裡。

繪製一幅生命之花，除了感受到完成作品帶來的成就與喜悅，還能在藝術靜心的過程中往內覺察自己，得到抒壓。其特殊的作畫過程可以啟發我們左右腦的平衡運用。這些神聖幾何的親自體驗，也一定會讓人對生命哲理有更深入之領悟，這就是改變的開始！

延伸閱讀

能量曼陀羅：
彩繪內在寧靜小宇宙
定價／380元

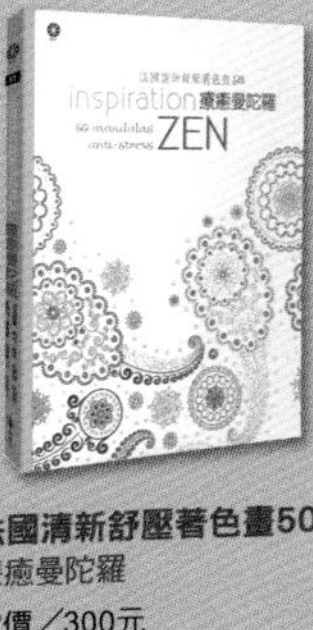

法國清新舒壓著色畫50：
療癒曼陀羅
定價／300元

法國清新舒壓著色畫50：
幸福懷舊
定價／300元

hrup）　譯者／馬勵

《紐約時報》暢銷作家的第一本女人保健聖經！

本書作者克里斯蒂安・諾斯拉普醫師是美國婦產科權威，亦是一位有前瞻性的女性保健先驅。經過數十年臨床職業生涯，她現在致力於幫助婦女學習如何全方面提高身體健康，為非常多健康、身心靈的暢銷書當過推薦人。本書是她依女人和專業醫師的不同身分出發，告訴讀者如何改變對於年齡增長的焦慮，不用醫美、不用整型，就可以自信、快樂地活著！

願來世當你的媽媽

作者／禪明法師　繪者／KIM SORA　譯者／袁育媗
定價／450元

全彩插圖+簡潔文字，讓人輕鬆享受閱讀

全書由一則則短篇故事組成，作者以簡單易懂的文字描述寺院裡的日常生活及其修行體悟，再加上繪者溫暖可愛的插圖，將書中的人物畫成貓的模樣，讓讀者能輕鬆地透過閱讀領略書中滿溢的親情與人生的道理。

沒有媽媽的女兒——不曾消失的母愛

作者／荷波・艾德蔓（Hope Edelman）　譯者／賴許刈
定價／580元

《紐約時報》暢銷書，Amazon五星好評，
累積至今發行超過五十萬冊

Amazon上千則好評，《紐約時報》、《華爾街日報》等媒體盛讚「撫慰人心，痛苦卻解憂，與各年齡層失去母親的女性產生共鳴。」的療癒佳作。本書集結作者對眾多喪母之女的訪談，將個案親身經驗結合心理學理論來說明，女兒如何熬過當時的情緒風暴，走過那條孤單的路。書中也提到，積極為已逝的至親哀悼，正視其離開所帶來的傷痛，並從中平復，能減緩這周而復始的傷痛且得到慰藉。

達賴喇嘛講
三主要道
宗喀巴大師的精華教授

作者／達賴喇嘛（Dalai Lama）
譯者／拉多格西、黃盛璟
定價／360元

《三主要道》是道次第教授精髓的總攝
達賴喇嘛尊者的重新闡釋

宗喀巴大師將博大精深的義理，收攝為十四個言簡意賅的偈頌，此偈頌將所有修行要義統攝為三主要道，是文殊菩薩直接傳給宗大師非常殊勝的指示，也是其教義之精髓。出離心、菩提心和空正見，這三種素質被視為三主要道，是因為從輪迴中獲得解脫的主要方法是出離心，證悟成佛的主要方法是菩提心，此二者皆因空正見變得更強而有力。

延伸閱讀

達賴喇嘛 禪修地圖
定價／320元

平心靜氣：
達賴喇嘛講《入菩薩行論》〈安忍品〉
定價／380元

達賴喇嘛禪思365
定價／400元

橡樹林全書系書目
橡樹林好書分享

|橡|樹|林|

修行「無我」的方法

修行「無我」的教理，我們能夠捨離所有見處，不再執著於任何事物，也不將自己認同爲某些東西，不會掉進迷失、憂慮和愁苦的狀態。我們要聽慧和善巧地修學。如果我們學習「無我」的教理，卻無正確的理解，我們可能以爲無我就是虛無和斷滅，從而被絕望淹沒。如果我們相信世界是神我，我們是世界，我們將與世界永存，那當我們聽到佛陀說「無我」，會感到迷惘，從見執「有」變成見執「無」。「無我」的教導並非主張虛無和斷滅，但我們卻以爲如此，那就像是從蛇尾捕蛇而被蛇咬到。那也許就是婆羅門身處的狀況，從神我的信仰變成迷失於斷滅和虛無之見：

「世尊，有任何外在的因素令恐懼和焦慮生起嗎？」

佛教導：「有，如果比丘如此想，如此說：『這是神我，這是世界，這是我，我將永恆存在。』然後他遇到佛，或佛睿智又善於說法的弟子，教他如何捨離對我和我所的執著，並教導他如何放下我慢、纏使和漏惑。他想：『世界到此爲止了，我得放下一切。我並非是世界，並非是我，並非是神我，我不會永恆存在，死後我將完全斷滅，沒有什麼可期盼的，也沒有什麼值得喜悅或紀念。』如此想，他感到憂傷和苦惱，這就是令恐懼和焦慮生起的外在因素。」

可能由於內在因素導致我們對神我失去信心，也可能因爲外在的因素，聽到佛法後失去對神我的信心。聽到佛法卻不理解，那就像捕蛇人不懂得捕蛇的方法，這是此經的主題。

讀到這裡，我們看到許多人對「無我」的教理有相反的理解。佛陀教導，在五蘊和世界中沒有一個不變的實體。佛陀從未說五蘊和世界是虛無。五蘊聚合而成的存在，無常又無我。因爲這存在是無常和無我，因此不能說它的本質是有或無，是恆常還是斷滅。說它是無，那不正確；說它是有，也不正確。五蘊和世界超越這四種意念：有（bhava）、無（abhava）、恆常（sassata）和斷滅（uccheda）。此即佛陀所說的中道。在南傳和北傳的許多經典中都有此教理。從《中道因緣經》⓰的這一段我們可以看到：

⓰雜阿含經三〇一。

「一個有正確知見的人，觀察世間的集成時，不會以爲世間無。

「一個有正確知見的人，觀察世間的壞滅時，不會以爲世間有。

「迦旃延！執有是一邊見，執無是另一邊見；如來離這二邊見，說法於中道。」

不可得，不可施設

在《蛇喻經》中，佛陀以婆羅門「神我」的信仰作爲背景，解釋「無我」的教理。佛陀在僧團中經常教導有三種我執：我、我所（我的）和相在（我在某些東西之內，或某些東西在我之內）。我們再以身體爲喻，讓我們容易理解：

1. 這身體是我。我們認同這個身體就是我。我是這個身體，這個身體是我。

2. 這身體是我的。我獨立存在於身體之外，身體只是我所擁有之物，就如姓名、住所、財產或銀行帳戶。

3. 我在這身體之中，這身體在我之中。這身體非我，但我存在於這身體中。我非身體，但身體存在於我之中。我在身體之中，身體在我之中，這即是相在。這種見執非常微細，涉及「非即非離蘊我」⑰的

⑰有常一主宰之義之我，確為存在，然於五蘊和合之肉體，非離亦非不離，執著在非即非離蘊關係之我見也。犢子部、正量部等認為有一種非即非離蘊的我，這個我既非帶有五蘊假合而成的個體（蘊），也非五蘊以外稱為我的我（離蘊），而是同五蘊非即非離的我。

主張。這是後期一些部派的思想，認爲「我」非五蘊，但也無法離五蘊而存在。

以上提到的三種我執在許多經典中都有提到，尤其在《雜阿含經》和《相應部》中，那是三個人們容易掉落的陷阱。捨離了第一和第二個陷阱的人，仍有可能掉進第三個陷阱——相在，儘管它很微細。不同宗派的許多佛教徒都想尋找一個見處，建立微細的我見。我們知道世人有這個需要，執著於有一個「我」。《蛇喻經》特別提到第六見處——世界——在「相在」之後的第四個陷阱。佛陀教導「我」的意念由「我所」的意念而生；「我所」的意念由「我」的意念而生。這些意念皆是沒有根據、不可成立或執取的妄想（錯誤知見）。想要成立或執取「我見」，只會在現在和未來帶來痛苦和失望。

這是佛陀的教導：

「因為有我的觀念，因此有我所的觀念，如果沒有我的觀念，就沒有我所的觀念，我和我所的觀念都是不可執取和無法成立的。如果心中生起這些錯誤知見，將使我們被煩惱纏縛。這些纏縛從不可執取和無法成立的概念中而生。」

五蘊和世界有其眞如自性。我們對五蘊和世界的意念，是從有與無、常與斷等概念而生。這些概念無法容納實相，不能捕捉實相，就如一張網無法捕捉虛空。這就是「不可執取、無法成立」的意思，是佛教非常重要的教理。「不可執取、無法成立」的梵文是anupalabhya，這教理極爲重要，但在有部⑱和銅鍱部⑲中並未完全開展。

無常

佛陀說世界無常，時刻在變。如此聽聞，我們也許會對無常有一種概念，但概念並非智慧，只是從佛法開示或經典得到的一些想法。只有少數人能眞正洞察無常。無常作爲一個概念起不了什麼作用，只有對無常的智慧和洞察才能起作用。此經幫助我們從無常、無我和涅槃等概念中解脫出來。然而，佛經也需要使用概念。我們要聰慧善巧地學習經典，才不會被概念、觀念和文字所困。

我們都同意萬物無常，但我們的行爲卻表現得彷佛一切恆久常存。理智上，你知道所愛的人無常，有一天會死去，但在日常生活中，你的行爲卻表現得彷彿她永遠會在你身邊。如果你眞的知道她無常，今天你就會盡己所能去讓她幸福快樂。明白到她和你都無常，你不會等到明天，你會珍惜她的存在。但事實是，你沒有好好待她，因爲你內心深處相信她會永恆存在，你也會恆久常存。這是問題所在。理智上，我們接受無常是事實，但在日常生活中，我們的行爲仍表現得彷彿一切是恆常。因此，我們必須視無常爲一種修習，而不只是一個概念。

⓲梵名 Sarvāstivāda。全稱聖根本說一切有部。為小乘二十部之一。意譯作一切有、一切語言。屬上座部之一派。主張三世一切法皆為實有，故稱有部。大多分布於古印度西北迦溼彌羅、犍陀羅等地，曾盛極一時。主要以阿毘達磨諸論書為依據。

⓳巴利名 Tambapaya。為部派佛教之一派。大衆部系清辨（梵 Bhavya）所造「異部宗精釋」一書則將本部列屬上座部中分別說部之一派，以斯里蘭卡為其根據地，主要傳習七部阿毘達磨。

無常並非一個觀念或一套哲學；無常是一種智慧。這種智慧，不是從聆聽佛法開示或讀一本書而獲得。我們必須用念和定去觀照。如果我們懂得如何深觀自己內在和外在發生的事情，有一天我們將獲得對無常的洞見，這種洞見將令我們自由。當佛陀教導無常時，只能給予一些提示和觀念。無常的教理並非實相本身，只是一些觀念，觀念無法解放我們。解脫我們的是智慧和洞見。

無論你在看什麼，聽什麼，觸摸什麼，你都應接觸其無常的本性。當你看著你所愛的人，你要能夠接觸到其無常的本性。無常是一種三昧，一種定，意思是我們時刻保持對無常的洞察，不會失去這種洞察。無論你接觸什麼，即使是你自己，也知道那是無常的。當你保持對無常的洞察，你會以智慧行事，不會帶來傷害。如此生活，你將無任何遺憾。要避免愧疚，你要做的只是照顧好當下。

我們知道無常是必要的。無常讓我們能夠轉化，向美善的方向邁進。如果一切非無常，你的處境不會改善，孩子們不會成長，玉米種子永遠不會變成我們吃的玉米。因此，不要控訴無常。無常並非消極，而是非常積極的。感恩無常，一切成爲可能。你的疾病能夠治癒，獨裁政權會改變，我們能以行動改善氣候變遷。因爲無常，所以有希望。

即使是隱藏在我們心識深處的痛苦、悲傷和絕望，也是無常。如果我們懂得修習，就能帶來深刻的自我轉化。我們學習到有兩種方法轉化痛苦：第一是邀請它升起，深觀其本質；第二是澆灌本質與其相反的種子，理解到這些種子會帶來心識根本的轉化。

因此，我們應說：「無常萬歲！」而非控訴無常。觸及相即、空性、無我的本性。我們有希望，知道將會改變和轉化。對無常的洞察，能將我們從恐懼、悲傷、憤怒和疏離感中解脫出來。知道一切無常，我們會少些執著。花兒雖然美麗，但當花凋謝時，我們不會痛哭，因爲我們知道花兒無常。所以，覺察萬物無常對我們很重要，我們修習培養這種覺察，會減少痛苦，更能享受活著。知道萬物無常，我們會在這一刻珍惜所有。

我們的身體也無常。生與死每一刻都在身體中發生，沒有一個細胞是永遠不變的。此刻我們的身體與上一刻已經不同。當你審視所有的身體和心理現象，你會看到一切皆無常，尤其是我們稱之爲的「我」——我們都知道，但我們害怕若是沒有一個永恆的我，就會變成虛無，因此繼續相信我們有一個獨立恆常的我。我們不滿足於自己的五蘊，想要更多。我們希望能永遠活著，但萬事萬物，從色到受、想、行、識，皆是無常。「吸氣，我覺察身體。」吸氣時觸及無常，我們便是接觸到整個宇宙無常的本性。一即一切。

從科學上來說，我們無法找到任何恆常之物。一切皆在變化中。我們必須面對一切皆無常這個事實，在相續的兩個剎那中，沒有任何東西保持不變。因此我們知道，沒有一個永恆的實體能稱之爲「我」。

從時間的角度來說，實相顯現了無常。從空間的角度來說，實相顯現了無我。無我即無常。時間並非獨自存在的實體，時間的存在，是與萬物相互依存，包括空間、心識及其他。愛因斯坦向我們展示了時間不能外在於空間而存在。時間就是空間，就像物理學中的波粒二象性。微觀粒子有時會顯示出波動性，有時又會顯示出粒子性。它們像是兩種東西，但又不是；但它們也非同一種東西。對於實相而言，一與異這些概念並不適用。

涅槃

涅槃是另一個非常容易被誤解的教理。涅槃的意思是寂滅，即煩惱、痛苦和仇恨之火的熄滅，亦是有、無、常、斷、無常、無我、中道、不可得，甚至是涅槃這些概念的止息。但是，涅槃常被誤解爲虛無和斷滅。人們常常從蛇尾去捕捉這條蛇。

《蛇喻經》說：

「如果比丘們不把這六見處（色身、感受、認知、心行、心識、世界）視爲我或我所，他的生命將不會被煩惱束縛，既不被束縛，就沒有恐懼，因爲沒有恐懼而證得涅槃，不再受生死輪迴的苦惱，清淨的梵行已經成就，應做的已成辦，不再生死輪迴，看到眞理實相。」

在這裡，涅槃的定義是：

1. 成功修習「無我」的教理，清淨的梵行已經成就，應做的已成辦。
2. 得到正知，看到眞理實相。
3. 不再生死輪迴。
4. 達到無畏，沒有恐懼。

定義涅槃後，佛陀再解說涅槃的特性：

「這樣的比丘如同塡平壕溝，越過壕溝，攻破城廓，打開城門，看到究竟智慧的明鏡。」

這裡將涅槃比喻爲鬥爭的勝利，是解放自己的一場鬥爭，以及達到圓滿理解的滿足。

讓我們繼續讀經文：

「何謂『塡平壕溝』？『塡平壕溝』的意思是已經完全理解，清楚看到無明的本質；無明被根除破滅，再無法生起。

「何謂『越過壕溝』？『越過壕溝』的意思是已經完全理解，清楚看到『有』和『愛』的本質；『有』和『愛』被拔除根本，再無法生起。

「何謂『攻破城廓』？『攻破城廓』的意思是已經完全理解，清楚看到生死輪迴的本質；生死輪迴被拔除根本，無法再生起。

「何謂『打開城門』？『打開城門』的意思是已經完全理解，清楚看到五下分結的本質；五下分結[20]被拔除根本，無法再生起。

「何謂『看到究竟智慧的明鏡』？『看到究竟智慧的明鏡』的意思是已經完全理解，清楚看到我慢的本質；我慢被拔除根本，無法再生起。」

[20] 包含身見、戒取、疑（三結），加上貪欲、瞋恚。又稱五順下分結，下分是欲界的意思，這五結都是欲界煩惱，因此被稱為五下分結。

「看到究竟智慧的明鏡」，指的是超越我執。我慢是由我執而起。

如來

即使佛陀用了如此積極和具體的影像來演繹涅槃，但仍有許多人將之誤解為斷滅和虛無。人們錯誤地認為，一旦進入涅槃，就什麼都不存在了——一片葉不再是葉，一朵花不再是花，一個人不再是人。一切都消失於虛空中，失去其特性和面貌。但是，佛陀從未說，入涅槃即是變成虛無和斷滅。虛無和斷滅是達到涅槃時能超越的兩個概念。因此，涅槃並非虛無和斷滅。證得涅槃的人，不再被生滅、有無、一多、來去等概念所困。安住於涅槃中的人，可以稱為「如來」。《金剛經》說：「如來者，無所從來，亦無所去，故名如來。」亦有說如來「來而無來，去而不去」，這也是無來無去，安住涅槃的意思。「如來」這個概念甚深微妙，但在有部和銅鍱部，這個概念也未被重視和開展。

在《蛇喻經》中，佛陀說：「如來清淨，清涼，無熱惱。」如來安樂、自由、幸福。如來，亦如涅槃，不受生滅、有無、一多和來去這些觀念所限。在概念中尋找如來，是無法找到的，即使在尋找的人是帝釋天、生主或梵天。

在大乘經典中，自《般若》《寶積》到《華嚴》《維摩詰》，都在努力演繹「中道」的教理，幫助人們超越虛無和斷滅的觀念。龍樹菩薩在《中觀論》中說八不中道，目的一樣。八不中道是不生、不滅、不斷、不常、不一、不異、不去、不來八者。

在《相應部》卷三的《阿奴羅度經》，我們讀到一群外道修士探訪阿奴羅度並問他以下四種說法哪種是對的：

一、如來死後存在；

二、如來死後不存在；

三、如來死後既存在又不存在；

四、如來死後既非存在也非不存在。

阿奴羅度認爲這四種說法都無法表達佛陀所教導的眞理，因此拒絕在這四項中選一項。外道修士們以爲阿奴羅度一定是個愚笨或剛出家的人，於是起身離去。之後阿奴羅度來到佛住處，向佛陀說明所發生的事，請佛給予指導。

佛陀問阿奴羅度是否能在色、受、想、行、識中找到如來，阿奴羅度回答否。佛陀又問阿奴羅度是否能在色、受、想、行、識之外找到如來，阿奴羅度也回答否。佛陀說：「阿奴羅度，如果如來在世時你都找不到如來，又如何在如來入滅後，在這四種『存在、不存在、既存在又不存在、既非存在也非不存在』的說法中找到如來。這可能嗎？」

漢文版的《蛇喻經》中說：「帝釋天、生主，梵天及其眷屬，不論如何尋找，也找不到如來心識的任何痕跡或所依處。」在巴利文版本中，我們讀到：「我說在此時此地不會找到如來的痕跡。」（ditth’ev’aham bhikkave hamme Tathagatam annuvejjo’tivadami）

在《阿奴羅度經》中，佛陀作的結論是：「從始至今，如來只教導苦與滅苦之道。」佛陀不浪費時間在概念中尋找實相，因爲那毫無益處，不會成功。龍樹菩薩說的般若中道，在原始佛經中已清楚說明。

爲了不使人掉進虛無和斷滅這些概念的陷阱，一些經典如大乘佛教的《大般涅槃經》[21]，將涅槃演繹爲常、樂、我、淨。常、樂、我、淨是四種根本的錯誤知見，稱爲四顚倒。但《大般涅槃經》指出常、樂、我、淨乃涅槃的四種特性，以對治執取虛無和斷滅的概念，那就像是治療被蛇咬的藥。

對治錯誤知見

任何時代，任何地方，都有人錯誤地理解佛陀的教導。我們應如何對治這些錯誤的知見？這是《蛇喻經》結尾所說的。

「如來常說：『如來清淨、清涼，無熱惱。』我這樣說時，眾沙門、婆羅門誣謗我，說我妄語。他們說：『眾生眞實存在，沙門瞿曇卻設立虛無斷滅之見。』他們說的，我從未說過。如來只說滅苦之道能帶來無畏。」

佛陀已清楚說明，佛並不主張虛無和斷滅論，但在過去的二千六百年，依然有人認爲佛陀如此說。

事實是佛法的義理甚深微妙，因此許多人誤解了。佛陀並未說眾生並不存在，但人們聽了佛說的某些句子而誤以爲佛說無眾生。這樣的句子出現於大乘經典，也出現於原始經典。例如在《金剛經》中，佛陀說：「若菩薩有

㉑大正新脩大藏經第十二冊No. 374《大般涅槃經》。

我相人相眾生相壽者相，即非菩薩。」佛陀是在演說「無我」的教理。眾生是有情㉒，在因緣相生的過程中，有情由非有情所造。因此，以爲有情別立於無情而存在，是錯誤的知見。之前提過佛所說的這句話：「四十五年的教導，我什麼也沒說。」意思其實是：你們不要執取我所說的話。遊方者婆蹉衢多向佛陀提問時，佛陀的靜默亦有相同意義。

如果有人誣謗、指責、批評我們，應該怎樣面對？佛陀建議我們修習「無我」的教理。如此，那些誣謗、指責和批評將不會傷害到我們。看到無我的本性，將時刻看到緣生的原則，因爲無我和緣生是一。萬物因緣而生，因此沒有任何事物有獨立的自性。因爲無明、誤解和仇恨，那些人才會彼此如此相待。他們是家庭環境、朋友、學校、文化和社會的產物。

那樣的環境導致那種認知和態度。當我們有了這樣的見解，將能生起慈悲心。我們將意識到只想要轉化那個人是不夠的，還必須轉化他所處的家庭、朋友、學校、文化、社會的環境。我們對他的認知和態度有直接或間接的責任，只有當我們能看到導致他的認知和態度的環境和條件，才眞正地看到及了解那個人。由此，我們不但不責備他，而且還會尋找合適的方法，幫助他出離那環境和認知。

若能如此觀照，如此去愛，我們又如何會視自己爲不公、誣謗和批評的對象？若能如此觀照，如此去愛，即使被捶打和殺害，也能生起慈悲心，沒有絲毫仇恨和怨懟。如果我們不將自己認同爲色、受、想、行、識，那些誣謗、批評和訓斥將無法觸動我們。因此，佛陀問：

㉒ 梵語 sattva，巴利語 satta。音譯作薩多婆、薩埵。舊譯為衆生，即生存者之意。

「如果現在有人從外邊的園區拾起枯枝和乾草，帶回家燒和使用，我們會以爲他們帶回家燒和使用的是我們嗎？」

如果誣謗、批評和捶打都無法使我們生起瞋恚和怨恨，那麼尊重恭敬、禮拜供養亦不會令我們感到自豪或驕傲，因爲我們已超越「我」和「我所」的概念。佛陀說：

「如果有人尊重恭敬、禮拜供養如來，如來不感到歡喜。他們這樣做，是因爲如來已證得覺悟和轉化的成果。」

在「八風」——利，衰，毀，譽，稱，譏，苦，樂——之中，無一能吹倒一個已經證悟「無我」教理的人。

在《蛇喻經》結尾處，佛陀說：

「正法已清楚、完整地宣說，只需聰慧善巧地接受和行持。如果有正智和理解，其力量將無窮。如果能轉化五下分結，這一生就能達到涅槃，得不退轉，不再輪迴生死。如果能轉化三種結使：貪、瞋、癡，命終時只需在天上人間再生一次，就能得到解脫。如果已得須陀洹，將不墮惡法，趣向正覺，只需在天上人間生死輪迴七次，就能得到解脫。如果相信正法，命終時會生於善處，趣向聖善。」

結語

佛陀的教導並非我們執取的意念或概念，而是修行的工具。如果我們執著於某些想法和概念，將會失去正法。《蛇喻經》是一部重要的經典，此經好比正念之鐘，提醒我們要非常謹慎、誠懇和開放地學習佛陀的教導，讓我們能理解佛法，轉化自己，幫助自己和他人增長和平、覺醒和自由。

我們修習，為了長養喜樂，解決困難處境。痛苦減輕，我們自然感到釋懷，但問題仍在。只有當我們獲得洞見和智慧，才是真正的解脫。

佛法的修行，最終目的在於開顯智慧，出離煩惱——我們的恐懼、憤怒、貪愛和絕望。念和定帶來洞見和智慧，把我們從痛苦、悲傷和恐懼中解脫出來。在佛教中，我們說智慧帶來解脫，而非恩典。然而，智慧也是一種恩典。兩者表面上看似相反，但如果深觀，會看到智慧也是一種恩典——最大的恩典，因爲智慧帶來解脫。佛陀說，若是我們學習佛法而掉以輕心，可能會錯誤地理解教義。只有當我們能改變這種態度，才有可能獲得解脫。

教理和觀念就好比火柴，火柴能生火，而火則是智慧。教理和觀念並非智慧，但如果我們將之付諸實踐，會得到活潑潑的智慧和洞見。我們許多人，包括一些學者，都執著於文字和概念。我們緊抓字詞、學說和教理，沒有自由，變得教條。但一旦智慧從我們內在生起，它會燒毀我們的想法和概念，就如火燒毀用來生火的火柴。

我們永遠不應視任何教導和思想體系爲絕對眞理，那只是開顯智慧的工具。我們不應爲了一些想法而殺死自己或他人。如果我們變得教條，可能會變成獨裁者，要求所有人都接受我們所說，認同我們以爲的眞理。任何不同意我們的人，即被視爲敵人，那只會造成更多的戰爭、衝突和歧視。許多戰爭都由盲信、執著於宗教或意識形態而生。佛陀關於不執於見解的教導，是修習和平非常深刻的方法。我們準備好放下自己的成見，而達到智慧洞見。這也是科學的精神，如果科學家執著於某一發現，相信那就是絕對眞理，他就沒有希望獲得更大的發現。我們須燒毀一切概念，以得到智慧。一位眞正的修習者從不武斷，或執著於想法和觀念。他們只是利用想法和觀念以生起正見和智慧。

《蛇喻經》提醒我們，一些修習如三法印：無常、無我和涅槃，只有在你懂得如何學習和修行時才有用，否則，這些觀念會非常危險。一旦你執著其中，將難以捨離。許多佛教徒執著於文字、概念和想法，但他們失去了佛教，儘管他們自稱爲眞正的佛教徒。此經對我們所有人都是一口很大的正念之鐘，提醒我們要小心謹慎，抱持開放的態度，放下教條和狹隘的思想，如此才有機會接受和理解佛陀的正法。

所有佛教宗派都有無常、無我的教理，這是非常深妙的教理。如果我們聰慧地修習，可以通過這些觀念獲得洞見。我想，這是佛陀給我們的最大的禮物。能否受用這份禮物，視乎每一個人。佛教並非一套哲學或對實相的描述。佛法只是工具和善巧的方法，幫助我們修行以獲得智慧，從煩惱中解脫。若我們能減少忙碌，就有更大的機會加深對佛法的理解，並付諸實踐。無常、無我和涅槃是幫助我們清理土地、用來耕耘的工具，這些工具不應放在佛壇上供奉，而是被使用的。《蛇喻經》是溫和而有效的教誨，提醒我們佛陀的教法是美妙的工具，幫助我們深入實相的中心。

附錄

《阿梨吒經》

中《阿含經》大品（二〇〇）中《阿含經》卷第五十四

東晉罽賓三藏瞿曇僧伽提婆　譯

我聞如是：

一時，佛遊舍衛國，在勝林給孤獨園。

爾時，阿梨吒比丘本伽陀婆梨，生如是惡見：「我知世尊如是說法，行欲者無障礙。」諸比丘聞已，往至阿梨吒比丘所，問曰：「阿梨吒！汝實如是說：『我知世尊如是說法，行欲者無障礙耶？』」

時，阿梨吒答曰：「諸賢！我實知世尊如是說法，行欲者無障礙。」

諸比丘訶阿梨吒曰：「汝莫作是說，莫誣謗世尊，誣謗世尊者不善，世尊亦不如是說。阿梨吒！欲有障礙，世尊無量方便說欲有障礙。阿梨吒！汝可速捨此惡見也。」

阿梨吒比丘爲諸比丘所訶已，如此惡見其強力執，而一向說：「此是眞實，餘者虛妄。」如是再三。

眾多比丘不能令阿梨吒比丘捨此惡見，從坐起去，往詣佛所，稽首佛足，卻坐一面，白曰：「世尊！阿梨吒比丘生如是惡見：『我知世尊如是說法：「行欲者無障礙。」』世尊！我等聞已，往詣阿梨吒比丘所，問曰：『阿梨吒！汝實如是說：「我知世尊如是說法：『行欲者無障礙耶？』」』阿梨吒比丘答我等曰：『諸賢！我實知世尊如是說法：「行欲者無障礙。」』世尊！我等訶曰：『阿梨吒！汝莫作是說，莫誣謗世尊，誣謗世尊者不善，世尊亦不如是說。阿梨吒！欲有障礙，世尊無量方便說欲有障礙。阿梨吒！

汝可速捨此惡見。』我等訶已，如此惡見其強力執，而一向說：『此是眞實，餘者虛妄。』如是再三。世尊！如我等不能令阿梨吒比丘捨此惡見，從坐起去。」

世尊聞已，告一比丘：「汝往阿梨吒比丘所，作如是語：『世尊呼汝！』」

於是，一比丘受世尊教，即從坐起，稽首佛足，遶三匝而去，至阿梨吒比丘所，即語彼曰：「世尊呼汝！」阿梨吒比丘即詣佛所，稽首佛足，卻坐一面。

世尊問曰：「阿梨吒！實如是說：『我知世尊如是說法：「行欲者無障礙。」耶？』」

阿梨吒答曰：「世尊！我實知世尊如是說法：『行欲者無障礙。』」

世尊訶曰：「阿梨吒！汝云何知我如是說法？汝從何口聞我如是說法？汝愚癡人！我不一向說，汝一向說耶？汝愚癡人！聞諸比丘共訶，汝時應如法答：『我今當問諸比丘也。』」

於是，世尊問諸比丘：「汝等亦如是知我如是說法：『行欲者無障礙。』耶？」

時，諸比丘答曰：「不也。」

世尊問曰：「汝等云何知我說法？」

諸比丘答曰：「我等知世尊如是說法：『欲有障礙。』世尊說欲有障礙也。欲如骨鎖，世尊說欲如骨鎖也。欲如肉臠，世尊說欲如肉臠也。欲如把炬，世尊說欲如把炬也。欲如火坑，世尊說欲如火坑也。欲如毒蛇，世尊說欲如毒蛇也。欲如夢，世尊說欲如夢也。欲如假借，世尊說欲如假借也。欲如樹果，世尊說欲如樹果也。我等知世尊如是說法。」

世尊歎曰：「善哉！善哉！諸比丘！汝等知我如是說法。所以者何？我亦如是說：『欲有障礙。』我說欲有障礙。欲如骨鏁，我說欲如骨鏁。欲如肉臠，我說欲如肉臠。欲如把炬，我說欲如把炬。欲如火坑，我說欲如火坑。欲如毒蛇，我說欲如毒蛇。欲如夢，我說欲如夢。欲如假借，我說欲如假借。欲如樹果，我說欲如樹果。」

世尊歎曰：「善哉！善哉！汝等知我如是說法。然此阿梨吒愚癡之人，顛倒受解義及文也。彼因自顛倒受解故，誣謗於我，爲自傷害，有犯有罪，諸智梵行者所不憙也，而得大罪。汝愚癡人！知有此惡不善處也。」

於是，阿梨吒比丘爲世尊面訶責已，內懷憂慼，低頭默然，失辯無言，如有所伺。

於是，世尊面訶責數阿梨吒比丘已，告諸比丘：「若我所說法盡具解義者，當如是受持。若我所說法不盡具解義者，便當問我及諸智梵行者。所以者何？或有癡人，顛倒受解義及文也，彼因自顛倒受解故，如是如是知彼法，謂正經、歌詠、記說、偈他、因緣、撰錄、本起、此說、生處、廣解、未曾有法及說義，彼諍知此義，不受解脫知此義，彼所為知此法，不得此義，但受極苦，唐自疲勞。所以者何？彼以顛倒受解法故。

「譬若如人，欲得捉蛇，便行求蛇。彼求蛇時，行野林間，見極大蛇，便前以手捉其腰中，蛇迴舉頭，或蜇手足及餘支節。彼人所為求取捉蛇，不得此義，但受極苦，唐自疲勞。所以者何？以不善解取蛇法故。如是或有癡人，顛倒受解義及文也，彼因自顛倒受解故，如是如是知彼法，謂正經、歌詠、記說、偈他、因緣、撰錄、本起、此說、生處、廣解、未曾有法及說義。彼諍知此義，不受解脫知此義，彼所爲知此法，不得此義，但受極苦，唐自疲勞。所以者何？彼以顛倒受解法故。

「或有族姓子，不顛倒善受解義及文，彼因不顛倒善受解故，如是如是知彼法，謂正經、歌詠、記說、偈他、因緣、撰錄、本起、此說、生處、廣解、未曾有法及說義。彼不諍知此義，唯受解脫知此義，彼所爲知此法，得此義，不受極苦，亦不疲勞。所以者何？以不顛倒受解法故。

「譬若如人，欲得捉蛇，便行求蛇。彼求蛇時，手執鐵杖，行野林間，見極大蛇，先以鐵杖押彼蛇頂，手捉其頭，彼蛇雖反尾迴，或纏手足及餘支節，然不能螫。彼人所爲求取捉蛇，而得此義，不受極苦，亦不疲勞。所以者何？彼以善解取蛇法故。如是或有族姓子，不顛倒善受解義及文，彼因不顛倒善受解故，如是如是知彼法，謂正經、歌詠、記說、偈他、因緣、撰錄、本起、此說、生處、廣解、未曾有法及說義，彼不諍知此義，唯受解脫知此義。彼所為知此法，得此義，不受極苦，亦不疲勞。所以者何？以不顛倒受解法故。我為汝等長夜說筏喻法，欲令棄捨，不欲令受故。

「云何我為汝等長夜說筏喻法，欲令棄捨，不欲令受？猶如山水甚深極廣，長流駛疾，多有所漂，其中無舡，亦無橋梁。或有人來，而於彼岸有事欲度，彼求度時，而作是念：『今此山水甚深極廣，長流駛疾，多有所漂，其中無舡亦無橋梁而可度者，我於彼岸有事欲度，當以何方便，令我安隱至彼岸耶？』復作是念：『我今寧可於此岸邊收聚草木，縛作椑栰，乘之而度。』彼便岸邊收聚草木，縛作椑栰，乘之而度，安隱至彼。便作是念：『今我此栰多有所益，乘此栰已，令我安隱，從彼岸來，度至此岸，我今寧可以著右肩或頭戴去。』彼便以栰著右肩上或頭戴去。於意云何？彼作如是竟，能爲栰有所益耶？」

時，諸比丘答曰：「不也。」

世尊告曰：「彼人云何爲栰所作能有益耶？彼人作是念：『今我此栰多有所益，乘此栰已，令我安隱，從彼岸來，度至此岸。我今寧可更以此栰還著水中，或著岸邊而捨去耶？』彼人便以此栰還著水中，或著岸邊捨之而去。於意云何？彼作如是，爲栰所作能有益耶？」

時，諸比丘答曰：「益也。」

世尊告曰：「如是。我爲汝等長夜說栰喻法，欲令棄捨，不欲令受。若汝等知我長夜說栰喻法者，當以捨是法，況非法耶？

「復次，有六見處。云何爲六？比丘者，所有色，過去、未來、現在，或內或外，或精或麤，或妙或不妙，或近或遠，彼一切非我有，我非彼有，亦非是神，如是慧觀，知其如眞。所有覺、所有想、所有此見非我有，我非彼有，我當無，我當不有，彼一切非我有，我非彼有，亦非是神，如是慧觀，知其如眞。所有此見，若見聞識知，所得所觀，意所思念，從此世至彼世，從彼世至此世，彼一切非我有，我非彼有，亦非是神，如是慧觀，知其如眞。所有此見，此是神，此是世，此是我，我當後世有，常不變易，恆不磨滅法，彼一切非我有，我非彼有，亦非是神，如是慧觀，知其如眞。」

於是，有一比丘從坐而起，偏袒著衣，叉手向佛，白曰：「世尊！頗有因內有恐怖耶？」

世尊答曰：「有也。」

比丘復問曰：「世尊！云何因內有恐怖耶？」

世尊答曰：「比丘者，如是見、如是說，彼或昔時無，設有我不得。彼如是見、如是說，憂慼煩勞，啼哭椎胸而發狂癡。比丘！如是因內有恐怖也。」

比丘歎世尊已，復問曰：「世尊！頗有因內無恐怖也。」

世尊答曰：「有也。」

比丘復問曰：「世尊！云何因內無恐怖也？」

世尊答曰：「比丘者，不如是見、不如是說，彼或昔時無，設有我不得。彼不如是見、不如是說，不憂慼，不煩勞，不啼哭，不椎胸，不發狂癡。比丘！如是因內無恐怖也。」

比丘歎世尊已，復問曰：「世尊！頗有因外有恐怖也？」

世尊答曰：「有也。」

比丘復問曰：「世尊！云何因外有恐怖也？」

世尊答曰：「比丘者，如是見、如是說，此是神，此是世，此是我，我當後世有。彼如是見、如是說，或遇如來，或遇如來弟子，聰明智慧而善言語，成就智慧。彼或如來，或如來弟子，滅一切自身故說法，捨離一切漏、一切我、我所作，滅慢使故說法，彼或如來，或如來弟子，滅一切自身故說法，捨離一切漏、一切我、我所作，滅慢使故說法時，憂慼煩勞，啼哭椎胸而發狂癡，如是說，我斷壞不復有。所以者何？彼比丘所謂長夜不可愛、不可樂、不可意念，比丘多行彼便憂慼煩勞，啼哭椎胸而發狂癡。比丘！如是因外有恐怖也。」

比丘歎世尊已，復問曰：「世尊！頗有因外無恐怖耶？」

世尊答曰：「有也。」

比丘復問曰：「世尊！云何因外無恐怖耶？」

世尊答曰：「比丘者，不如是見、不如是說，此是神，此是世，此是我，我當後世有。彼不如是見、不如是說，或遇如來，或遇如來弟子，聰明智慧而善言語，成就智慧。彼或如來，或如來弟子，滅一切自身故說法，捨離一切漏、一切我、我所作，滅慢使故說法，彼或如來，或如來弟子，滅一切自身故說法，捨離一切漏、一切我、我所作，滅慢使故說法時，不憂慼，不煩勞，不啼哭，不椎胸，不發狂癡，不如是說，我斷壞不復有。所以者何？彼比丘所謂長夜可愛、可樂、可意念，比丘多行彼便不憂慼，不煩勞，不啼哭，不椎胸，不發狂癡，比丘！如是因外無恐怖也。」

爾時，比丘歎世尊曰：「善哉！善哉！」歎善哉已，聞佛所說，善受持誦，則便默然。

於是，世尊歎諸比丘曰：「善哉！善哉！比丘受如是所可受，受已，不生憂慼，不煩勞，不啼哭，不椎胸，不發狂癡。汝等見所受所可受，不生憂感，不煩勞，不啼哭，不椎胸，不發狂癡耶？」

比丘答曰：「不也。世尊！」

世尊歎曰：「善哉！善哉！汝等依如是見所可依，見已，不生憂慼，不煩勞，不啼哭，不椎胸，不發狂癡。汝等見依如是見所可依，見已，不生憂感，不煩勞，不啼哭，不椎胸，不發狂癡耶？」

比丘答曰：「不也。世尊！」

世尊歎曰：「善哉！善哉！汝等受如是身，所有身常住不變易、不磨滅法。汝等見受如是身所可受身已，常住不變易、不磨滅法耶？」

比丘答曰：「不也。世尊！」

世尊歎曰：「善哉！善哉！所謂因神故有我，無神見無我，是爲神、神所有，不可得、不可施設，及心中有見處、結著、諸使亦不可得，不可施設。比丘！非爲具足說見及見所相續，猶如阿梨吒比丘本爲伽陀婆利耶？」

比丘答曰：「如是。世尊！爲具足說見及見所相續，猶如阿梨吒比丘本爲伽陀婆梨。」

「復次，有六見處。云何爲六？比丘者，所有色，過去、未來、現在，或內或外，或精或麤，或妙或不妙，或近或遠，彼一切非我有，我非彼有，亦非是神。如是慧觀，知其如眞。所有覺行、有想、所有此見，非我有，我非彼有，彼當無我，當不有，彼一切非我有，我非彼有，亦非是神。如是慧觀，知其如眞。所有此見，若見聞識知，所得所觀，意所思念，從此世至彼世，從彼世至此世，彼一切非我有，我非彼有，亦非是神。如是慧觀，知其如眞。所有此見，此是神，此是世，此是我，我當後世有，常不變易，恆不磨滅法，彼一切非我有，我非彼有，亦非是神。如是慧觀，知其如眞。

「所有比丘，此六見處不見是神，亦不見神所有，彼如是不見已，便不受此世，不受此世已，便無恐怖，因不恐怖已，便得般涅槃，生已盡，梵行已立，所作已辦，不更受有，知如眞。是謂比丘度壍、過壍、破墎、無門、聖智慧鏡。云何比丘度壍耶？無明壍已盡已知，拔絕根本，打破不復當生，如是比丘得度壍也。云何比丘過壍耶？有愛已盡已知，拔絕根本，打破不復當生，如是比丘得過壍也。云何比丘破墎耶？無窮生死已盡已知，拔絕根本，打破不復當生，如是比丘得破墎也。云何比丘無門耶？五下分結已盡已知，拔絕根本，打破不復當生，如是比丘得無門也。云何比丘聖智慧鏡？我慢已盡已知，拔絕根本，打破不復當生，如是比丘聖智慧鏡。是謂比丘度壍、過壍、破墎、無門、聖智慧鏡。

「如是正解脫如來，有因提羅及天伊沙那，有梵及眷屬，彼求不能得如來所依識，如來是梵，如來是冷，如來不煩熱，如來是不異。我如是說：『諸沙門、梵志誣謗我，虛妄言、不眞實，沙門瞿曇御無所施設，彼實有眾生，施設斷滅壞，若此中無我不說，彼如來於現法中說無憂。若有他人罵詈如來，撾打如來，瞋恚責數者，如來因彼處不瞋恚、不憎嫉，終無害心。』若人罵詈如來，撾打、瞋恚責數時，如來意云何？如來作是念：『若我本所作、本所造者，因彼致此。』言然罵詈如來，撾打、瞋恚責數者，如來作是意。若有他人恭敬如來，供養禮事尊重者，如來因此不以爲悅，不以爲歡喜，心不以爲樂。若他人恭敬如來，供養禮事尊重者，如來意云何？如來作是念：『若我今所知所斷，因彼致此。』若有他人恭敬如來，供養禮事尊重者，如來作是意。」

於是，世尊告諸比丘：「若有他人罵詈汝等，撾打、瞋恚責數者，若有恭敬供養、禮事尊重者，汝等因此亦當莫瞋恚憎嫉，莫起害心，亦莫歡悅歡喜，亦莫心樂。所以者何？我等無神、無神所有，猶如今此勝林門外燥草枯木，或有他人持去火燒，隨意所用，於意云何？彼燥草枯木頗作是念：『他人持我去火燒，隨意所用耶？』」

諸比丘答曰：「不也。世尊！」

「如是，若有他人罵詈汝等，撾打、瞋恚責數者，若有恭敬供養、禮事尊重者，汝因此亦當莫瞋恚憎嫉，莫起害心，亦莫歡悅歡喜，亦莫心樂。所以者何？我等無神、無神所有，有我法善說，發露廣布，無有空缺，流布宣傳，乃至天人。如是我法善說，發露廣布，無有空缺，流布宣傳，乃至天人。若正智慧解脫命終者，彼不施設有無窮，我法善說，發露廣布，無有空缺，流布宣傳，乃至天人。如是我法善說，發露廣布，無有空缺，流布宣傳，乃至天人。若有五下分結盡而命終者，生於彼間，便般涅槃，得不退法，不還此世。我法善說，發露廣布，無有空缺，流布宣傳，乃至天人。如是我法善說，發露廣布，無有空缺，流布宣傳，乃至天人。彼三結已盡，婬怒癡薄，得一往來天上人間，一往來已，便得苦邊。我法善說，發露廣布，無有空缺，流布宣傳，乃至天人。如是我法善說，發露廣布，無有空缺，流布宣傳，乃至天人。彼三結已盡，得須陀洹，不墮惡法，定趣正覺，極七往來天上人間，七往來已，便得苦邊。我法善說，發露廣布，無有空缺，流布宣傳，乃至天人。如是我法善說，發露廣布，無有空缺，流布宣傳，乃至天人。若有信樂於我而命終者，皆生善處，如上有餘。」

佛說如是。彼諸比丘聞佛所說，歡喜奉行。

《阿梨吒經》第九竟（四千五百七十字）

超越自我

慧軍譯

引言

佛陀在菩提樹下悟道的那天清晨，他很驚訝。經過徹夜的禪修，清晨，當他目睹晨星時，他這樣宣示：「多奇怪啊！每個人都有覺醒、了悟和愛的能力，卻生生世世繼續在苦海中浮沉。」

悉達多王子在覺醒成佛之前，想要成功的意願非常強烈。他企圖用心的力量壓抑自己的身心，經歷了一段自我折磨和幾乎喪命的苦行。最後，他承認在修行中逼迫自己的身心實在無濟於事，所以決定採取中道，一條介於苦行和耽溺於欲樂之間的道路。

悉達多覺醒成佛不久，就想和人分享自己所悟。他把第一次的佛法開示獻給曾和他一起修習苦行的五位同修。

他說：「我的兄弟，修道的人應該遠離兩種極端，一是耽溺於欲樂，另一是以苦行剝奪身體之所需，這兩個極端都會失敗。我發現的道路是免於兩極端的中道，能夠引人通向了悟、解脫與平靜。這道路就是正見、正思惟、正語、正業、正命、正精進、正念和正定所構成的八聖道。我因行此八聖道，而實現了了悟、解脫和平靜。我的兄弟，爲什麼我稱這樣的道路爲正確的道路呢？我稱之爲正道，因爲它不迴避或否定苦，而是以直接面對苦作爲克服苦的方法。八聖道是覺醒生活的道路。」

佛陀從最初的佛法開示，終其一生都繼續不斷地教導中道、四聖諦和八聖道。

佛陀是一位偉大的革命家。他教導世間一切無常變化，以及所謂的「自我」並不存在的道理。佛陀關於無我的教導，和印度當時流行的哲學和宗教直接抵觸，引起強烈的反應。印度教相信我們每一個人都有一個永恆的「我」（ātman），它是偉大的神我，即梵我（brahman）的一部分。

佛陀在世時，他的教法清楚有力。佛陀入滅後，弟子們必須發展自己的教說，以回應來自印度教持續的反對。有時候，他們甚至發展出和佛陀原始教法迥異的新理論。印度教和佛教不同學派的學者們往返抗辯、互相挑戰，甚爲頻繁。西元二世紀，佛教學者龍樹寫下了《中論》（*Madhyamaka Shastra*），闡釋佛陀對於中道的教導，企圖重回佛陀本懷，並加以釐清。

《中道因緣經》㉓包含了佛教核心觀念的「正見」，即保持開放的心態以避免極端的見解及二元對立，也包含了「緣起」，即萬物之間彼此相依、互相創造的本質。這部經用「正見」一詞表達超越二元性思考，並且不爲世俗之見所局限的見解。依事物的表象而成立的世俗之見，實爲枷鎖。

在《金剛經》中，佛陀談到影響我們所有見解和認知的四種概念，我們必須拋棄這四種概念。第一個要拋棄的是「我」的概念。我們認為我是這個身體，這個身體是我；或者身體是我的，它屬於我。會這樣認為，是因為存有一個「我是」（I am）的觀念。但更好的說法應該是「我是相即的」（I inter-am），我們相依而存，這個說法才更接近眞實，因爲沒有任何分離的自我可以獨立存在。沒有你的父母、你的祖先、食物、水、空氣、土壤和宇宙中其他一切，你是無法生存的。透過深觀實相的本質，可以丟開「我是」

㉓本書中的經文，是一行禪師從漢譯《雜阿含》三〇一經翻譯成越南文，再翻譯成英文。翻譯此經時，禪師參考了巴利藏的 Kātyāyana Sūtra。本書的經文闡釋，禪師參考了漢譯《雜阿含》二九六及二九七經。《雜阿含》二九六及二九七經見於附錄。

的觀念。

《金剛經》勸我們拋棄的第二個概念是「人」。當我們深觀人的存在，會看到我們的祖先中有動物、植物和礦物。一個人是由「非人」的元素所構成，如果拿掉那些非人的元素，就沒有人的存在了。這是最古老的生態學的教導。爲了保護人類，你也必須保護所有的非人類。把人和自然界區隔開來是錯誤的見解。

第三個概念是「眾生」。我們把眾生區分爲有情識和無情識，把人、動物和植物、礦物分隔開來。當我們深深地觀察有情眾生，會看到其中有那些被稱爲無情眾生的植物和礦物，你會看到植物和礦物也是活的。透過禪觀，會看到有情和無情眾生之間，並沒有眞正的分野。

第四個要拋棄的概念是「壽者」。我們相信我們在某個時間點出生，在另一個時間點死亡，而兩點之間，是我們的壽命。多數人都相信自己會在地球上存在七十年、八十年、九十年或一百年，然後消失。但如果我們深深地觀察，會看到這是錯誤的認知。我們心裡認定生是無中生有，死是從有變無，從有一個人，變成沒有這個人。但一朵雲不可能是無中生有，它來自河流和海洋，塵土和太陽的熱能也幫助它的生成。雲是永遠不死的，它只會變成雨或雪。一張紙不是無中生有的，它是由樹、太陽、雲朵、木材和紙漿廠的工人所製成。當我們燒一張紙，紙會變成熱能、灰燼和煙，而不會消失成無物。生和死是兩個不符合事實的觀念。

這四個概念是導致我們恐懼、分別、歧視和痛苦的根源。如果我們能夠看出其謬誤，無明和痛苦就不能觸動我們，我們將不再因爲錯誤的見解而受苦。

我們會被困在我、人、眾生或壽命的想法之中，是因爲還沒有看到「緣起」。當我們被局限在壽命的觀念時，會認爲自己的生命只會持續一段時間，於是就會開始問這樣的問題：「我過去存在過嗎？」「我過去是什麼？」「我死了之後還會存在嗎？如果是，我會變成什麼？」只有當我們被局限在我、人、眾生和壽命的想法中，這些問題才會產生。

「緣起」一詞的梵文是 pratītya-samutpāda，意思是一切萬物皆因種種因緣條件和合而生。它有時被稱爲因果的教導，但這可能會導致誤解。因爲我們通常會認爲因果是分離的兩件事，因永遠在果之前，一個因導致一個果。而依據緣起的教導，因和果是同時生起的（samutpāda），而且一切事物都是諸多因緣條件的結果。

一張桌子的存在，需要有木頭、木匠、時間、技術和許多其他的因，而這每一個因又需要有其他的因才能存在。木頭需要森林、陽光和雨水等；木匠需要有他的父母親、早餐、新鮮的空氣等。而這其中的每一樣，又都各自需要其他的條件才能發生。繼續這樣看，我們會發現沒有任何事物被遺漏。宇宙中的一切都在這張桌子之中，深深地看著陽光、樹葉、白雲，我們會看到桌子。在一切中能夠看到一，在一之中能見到一切。一個因永遠不足以帶來一個果，一個因必然同時也是一個果。每一個果，必然又是其他事物的因。因果相即，彼此相生。「第一因」或「單一因」的想法，是無法成立的。

如果忘記佛陀的這個教導，對想法或事物產生執著，相信它們是永恆和獨立存在的，就會招來困難。當我們完全接受萬事萬物相依的本質，放棄所有極端，就能踏上更安祥和喜悅的生命道路。

《中道因緣經》

《雜阿含經》三〇一

這是我聽到佛說的，那時佛住在那梨聚落深林中的待賓舍。迦旃延尊者到來探訪佛，頂禮佛足後，尊者退到一邊問道：

「世尊，世尊常談到正見。然而什麼是正見？世尊如何闡述正見？」

佛告訴迦旃延：

「世人的認識常傾向二個極端：一是有，二是無。這是由於被錯誤的認知所局限，因而執著於『有』這個意念，或是『無』這個意念。迦旃延！世人大部分都被困於『執』和『取』。沒有被執和取所困的人，就不會再想像有一個自我，不再對自我有妄執。他知道有苦，是因爲條件的生起而生起，如果條件不存在，那麼苦會消失。他再沒有任何疑惑。他的了悟並不是由別人而來，而是來自自己的智慧洞察，這樣的洞察稱爲正見。這是如來對於正見的解說。爲何？一個有正確知見的人，觀察世間的集成時，不會以爲世間無。一個有正確知見的人，觀察世間的壞滅時，不會以爲世間有。迦旃延！執有是一邊見，執無是另一邊見；如來離這二邊見，說法於中道。意思即是：此有故彼有，此生故彼生。自無明而有行，自行而有識，自識而有名色，自名色而有六入，自六入而有觸，自觸而有受，自受而有愛，自愛而有取，自取而有有，自有而有生，自生而有老死憂悲。這是苦的緣起。如果無明滅則行滅，行滅則識滅，識滅則名色滅，名色滅則六入滅，六入滅則觸滅，觸滅則受滅，受滅則愛滅，愛滅則取滅，取滅則有滅，有滅則生滅，生滅則老死憂悲滅。苦的緣起息滅。」

聽完佛陀所說，迦旃延尊者心得解脫，解開了所有內在結縛，證得阿羅漢果。

闡釋

正見

在這部經中，我們從中道的角度來學習正見。中道的意思是不被局限在二元對立之中，譬如「存在」與「不存在」。中道可能被錯誤地詮釋，以為中道介於「存在」與「不存在」之間。而事實上，它的意思是「存在」和「不存在」都是我們必須超越的概念。正見的智慧乃是建立在我們對於緣起法的觀察之上。

「這是我聽到佛說的，那時佛住在那梨聚落深林中的待賓舍。」

本經漢譯本說佛陀在摩揭陀國的那拉作此開示。巴利本則說是在舍衛城，位於拘薩羅國。摩揭陀和拘薩羅都是恆河盆地的古王國。

「迦旃延尊者到來探訪佛，頂禮佛足後，尊者退到一邊問道：『世尊，世尊常談到正見。然而什麼是正見？世尊如何闡述正見？』」

迦旃延尊者是佛陀僧團中的大比丘。他問正見，而佛陀答以中道。中道能避免極端之見以及二元對立的思考。因爲我們有錯誤的見解，就產生了錯誤的認知。錯誤的認知是一切痛苦的根源，包括恐懼、憤怒、分別心、絕望等，這種種痛苦都來自錯誤的認知。佛法最重要的修行，就是深刻地透視這些導致我們受苦的錯誤認知、想法和觀念。

我們自己的幸福和身邊人們的幸福，取決於我們是否有正見。但正見不是一個意識形態，不是一個思想體系，甚至也不是一條道路。正見是無法描述的，我們只能指出一個方向。甚至老師也無法傳授正見，師長只能幫助我們辨認出我們心田中已經存在的正見種子，並且幫助我們增長信心，指示我們如何修行、如何將正見的種子託付與日常生活的土壤。

我們所有的經驗都在「藏識」之中。藏識就好像電腦的硬碟，所有我們曾聽過、見過的，所有的生活經驗，都儲存在那裡。而意識則扮演園丁的角色。我們用日常生活的正念修習來耕耘土壤，幫助正念的種子顯現和成長[24]。

---

[24] 見於一行禪師《一行禪師心如一畝田：唯識五十頌》，橡樹林出版社。

所以，意識是園丁，它耕耘土壤，它用日常的正念修習來滋養正念的種子。佛教的禪修是嘗試把覺知帶入日常生活的每一刻，去覺察我們身心之中和周遭所發生的事，讓我們作眞正的自己。

中道是不偏於對立的兩端，譬如有無、來去、生死、同異、存在不存在，這些都是我們必須超越的想法。莎士比亞說過：「生或死，這就是問題所在。」[25]但是在佛教，我們超越了生與死的概念。由錯誤的見解，產生錯誤的認知。由錯誤的認知，我們認爲世界是眞實或者不是眞實存在的。

錯誤的見解或「邪見」「謬見」一詞，本身也並不完全正確。相對來說，可以有所謂正確與謬誤的見解，但如果我們看得更深，會了解到所有見解都是謬見，任何見解都不是眞理。任何見解都只是從某一點所觀，所以才有「觀點」的說法。如果我到另一個點去，看事情就會不一樣，而了解到先前的見解並不完全正確。佛教不是一堆見解，而是能幫助我們消除謬見的修行。我們見解的品質永遠有改善的餘地。從究竟實相的觀點來看，正見就是沒有任何見解。

見解的基礎在於知覺的認識作用，簡稱認知（perceptions; samjña）。認知一詞在中文是「想」，這個字上面的部分是「相」，下面是「心」。認知必然有一個相，而這個相通常都是錯覺。佛陀勸我們不要受認知愚弄。

在《金剛經》中，佛陀告訴須菩提比丘：「凡所有相皆是虛妄。」凡是所有的一切現象，都是虛妄不實在的㉖。佛陀在很多場合都教導說，我們多

㉕ 莎士比亞的戲劇作品《哈姆雷特》第三幕第一場，哈姆雷特王子一段獨白的第一句前半部 "To be, or not to be, that is the question."，也有譯作「生存還是毀滅，這的確是個問題。」

㉖ 見於《一行禪師講金剛經》，橡樹林出版社。

數的認知都是謬誤的，而我們的痛苦也多數來自謬見。我們必須一再問自己：「我能肯定嗎？Am I sure？」因爲在我們能清楚了解之前，錯誤認知會阻礙正見的生起。

認知一定有其對象。我們認知一座山或月亮時，山和月亮就是我們認知的對象。我們多數人都相信所認知的對象和主體是分離的，但這並不正確。有時候我們說：「我能在花裡面看到我的心識。」我們可以在那朵花裡面看到雲、陽光、土地和礦物，但我們怎麼能夠在花裡面看到自己的心識？認知的意思是能認知和所認知兩者的成立。我所注視的花是我心識的一部分；花就是我們的心識。認爲我們的心識存在於花之外的想法，是虛妄的。主體不可能獨立於對象而存在，不可能拿掉一個而保留另一個。

佛告訴迦旃延：「世人的認識常傾向二個極端，一是有，二是無。這是由於被錯誤的認知所局限，因而執著於『有』這個意念，或是『無』這個意念。」

經文說得很清楚，我們有謬見、有錯誤的認知，錯誤的認知使我們相信世界實有或世界非實有。我們必須拋棄這些錯誤的認知。「拋棄」這個字眼比「放下」來得強烈，要有智慧和勇氣才能拋棄一個想法。我們會受苦，有可能是因爲太執著於某個想法，而不能捨棄。

我們有些人相信不死的靈魂，相信這個軀體壞散之後，永恆的靈魂繼續存在不變。我們知道所有事物都在變化，一切無常。所以，認爲有一個不死的靈魂永恆不變，是錯誤的見解，這叫做「常見」。另一個極端是「斷見」，認爲有些東西會永遠消失，認爲我們死亡之後，什麼也不會留下。這也是錯誤的見解。我們習慣以一連串的對立看待世間事。

當我們點上燈燭，請火焰示現，我們可以問火焰：「親愛的小火焰，你從哪裡來？」我們有「來」和「去」的觀念，但是火焰並不從哪裡來，它的本質是無所從來的性質。條件具足，它就示現。所以，「來」是一個觀念，「去」是另一個觀念。火焰熄滅的時候，我們會問：「親愛的小火焰，你去了哪裡？」火焰會回答：「我哪裡也沒去。當條件不具足，我就停止示現。我的本質是不來不去。」即使當火焰示現的時候，這一秒的火焰和下一秒也不一樣。每一剎那當中都有進有出，有生有滅。

幾年前在德國北部的一次禪修中，僧團主持了一對新人的婚禮。第二天上午，新人來到僧團面前，報告對於學習「無常」和「非一非異」的心得。年輕的丈夫看著新娘，問道：「親愛的，你和我昨天娶的是同一個人，還是不同的人？」因爲世間無常，沒有任何事物能夠在相續的兩天或兩剎那維持不變。愛一個人，你會有一點擔心那個人不再愛你，你想要永遠確保她還愛著你。那年輕的女子看著他的新婚丈夫，微笑地說：「別擔心，親愛的，雖然我不完全是你昨天娶的那個人，我也不是不同的另一個人。」這是事實。同和異都是應該拋棄的觀念，如果我們能夠成功地觀照無常，就會知道萬物不可能是恆常的。

「迦旃延！世人大部分都被困於『執』和『取』。沒有被執和取所困的人，不再對自我有妄執。」

這裡我們看到取和執，「執」的意思是不放下；「取」就像隻螃蟹鉗住我們不放。鉗住我們不放的，是我們自己的念頭和錯誤認知。我們被自己的念頭和認知困住了，執著由此而生。

我們每一個人對於宇宙都有自己的見解，這些見解也許是相對論、不確定論、概率論、弦論等種種的觀點。你大可以提出不同見解，但如果你想在探索的路上有所進展，要準備好隨時拋棄自己的見解。就好像爬樓梯，你爬到第五階，而以爲自己在最頂端。這個想法障礙你爬上第六階、第七階，你被困在那裡了。所以，爲了要能上到第六階、第七階，你必須要能捨棄第五階。這是佛陀建議的學習程序。能夠完全付諸實踐的佛法是沒有教條主義的，如果你把某樣東西當成教條或絕對的眞理來崇拜，那你就不是一個好修行人。你的心靈必須完全自由，甚至也不受限於佛陀的教法。佛陀的教導，我們可以當作是一種工具，而不是絕對的眞理。

我們習慣去區分見解的對與錯。我們說「恆常」是錯誤的見解，而用

「無常」這個正確的見解來取代恆常。但是，你也必須不執著於無常之見。就像經中告訴我們的，眞正的正見是泯除一切見解。依照佛陀的教法，我們必須拋棄一切見解，包括所謂的正見。事物的實相，不能以觀念和見解來描述，這就是爲什麼所謂「正見」只是幫助我們的工具。

在《大寶積經》中，佛陀說：「一切諸見以空得脫。若起空見者，彼則不可治。」如果你執著「有」見，「空」見也許能解救你。但如果你被困在空的觀念裡，那就沒人救得了你了。因此，你也要能以這種方式看待佛法。你必須能夠脫離眞實教法的限制，更何況那些不眞實的教法。《金剛經》中，佛陀說「法尚應捨，何況非法」。練習拋棄你的觀念和見解非常重要，沒有這種「拋棄」的修持，不可能得到解脫。

「沒有被執和取所困的人，就不會再想像有一個自我，不再對自我有妄執。」

在這裡，「想像」的意思是推斷、估計、擬測。我們對事物有一個觀念，我們說這個東西很重要或不重要、存在或不存在。錯誤的認知，意思是對於眞理我們有自己的想法，把這樣、那樣的想法加諸於眞理上。而事實上，眞理不是那樣，我們卻把它想像成那樣。雖然我們知道沒有什麼是恆常的，但在日常生活中，我們卻把事物當作永恆來看待。即使在理智上，我們知道分離獨存的「我」是錯誤的認知，但我們的思考還是常以事物之有「我」爲根據。這樣的思考很危險，這些想法很容易讓我們不安，而它們其實是出於錯誤的認知。我們的想法，是所有執著和想像的根源。

我們的執著、想像以及錯誤認知的核心，就是關於「自我」的想法。我們認爲有個東西叫做「自我」，有個「我」和「我的」。我們認爲有個「我」存在，很多東西是「我」所擁有的，它們是「我的」。但，誰是這個我？

注視一朵花時，我們會問：「是誰在盛開？」然而，並不需要有一個生、老、死的「我」。我們認爲如果有生，就需要有個「我」被生出來。如果有老，就得有個會變老的「我」；如果有死，就必須有個將死的人。

而事實上，生只是生，老只是老，死只是死，其中沒有一個「我」。只有當我們被困在自我的觀念時，才會說一定得要有個「我」。在花朵裡，有一個靈魂、一個自我嗎？花朵需要有個自我才能生長、開放、凋謝嗎？它需要有個「我」才能存在嗎？下雨了，並不需要有個「我」。下雨了，你不用問：「是誰下雨？」在很多語言裡，我們得說「它」在下雨（"it"is raining），意味有一個下雨的主體。但雨中有一個自我嗎？我們習慣必須有個主詞，例如是「我」這個主詞，然後接著一個動詞。在英語，我們說「它下雨」（It rains）。在越南語，我們說「天下雨」或者「天氣下雨」。

英文「我知道風吹」（I know the wind is blowing）這句話，可以分成兩部分。一部分是「我知道」，另一部分是「風吹」。這實在是一句奇怪的話，難道有不吹的風嗎？風就是吹；不吹的就不是風，吹是風的一部分。那麼，爲什麼不乾脆說「風」？當我們說「雲在天上飄」或「花朵開放」，也是同樣的情形。如果雲不在天上飄，那它就還是河裡的水；如果花朵不開放，那它就還不是一朵花，而只是花苞。在「我知道」這句話裡，眞的需要有個「我」嗎？其實只要說「知道」，就夠了，並不需要「我」。「知道」是動詞，所以需要有個主詞，於是我們得加上一個「我」。如果我們希望說出事實，那麼說「雨」「風」或者「雲」就夠了。

我們已經養成要憑藉一個主體、一個自我來思考和說話的習慣。過去世世代代的人都是如此，但不幸的是，這種必須有一個主體的想法，令我們無法看到眞相。

緣起

「他知道有苦，是因爲條件的生起而生起，如果條件完全不存在，那麼苦會消失。」

這裡，當佛陀談到痛苦時，他把痛苦看成一種現象，就如一張相片、一張桌子也是一種現象。苦受只是一個例子，用來代表所有現象。

佛陀在這裡談因緣，藉由觀察和學習緣起，我們發現中道。因果同時生起，且所有事物都是多種因緣的結果。蛋在雞裡，雞也在蛋裡，雞和蛋是彼此相依而生的。沒有任何事物能獨自生起。

「因緣」和「緣起」傳達了類似的意義，而且都是佛陀教法的心髓。「因」指的是種子或主要的條件；「緣」指的是其他非主要的必要條件。「因」這個字，是「大」字被放在四面牆裡。如果什麼事情要變得偉大，它必須突破界限。你看一粒芥菜籽，它很小，因爲使它長大的條件沒有出現。但是當芥菜籽被放進土裡，爲它澆水，就會長成一株很大的植物。讓芥菜籽成熟的條件是水、土壤、肥料、溫度等。要注意，條件也是原因，但是主要的原因是種子本身，次要的原因是支持主要原因發展的必要條件。

談到因緣的時候，佛陀用「緣起」（pratītya-samutpāda）這個字眼。

「緣」的意思是互相依靠；「起」的意思是一起、同時性地。沒有任何事物可以獨自生起或獨立存在，任何事物都要依賴所有其他事物。在美國，雖然我們慶祝獨立紀念日，但若不依賴其他國家，我們是無法生存的。既然一個國家需要依賴其他國家才能生存，也許我們應該慶祝「相依紀念日」。

當我們感覺痛苦，而我們深深觀察，會看到痛苦來自各種不同的條件。當我們深深地注視一朵花，會看到各種不同的條件聚集，使花朵成爲可能。一朵雲、一張桌子，也是如此。如果造成一張桌子的條件不具足，就不會有桌子。誰能夠這樣觀察，就能夠清楚地了悟，不再有任何疑惑。我們看到所有事物的生起，都是因爲有利的條件匯聚而成，當這些條件不再存在，那件事物也無法繼續存在。

「他的了悟並不是由別人而來，而是來自自己的智慧洞察。這樣的洞察稱爲正見。這是如來㉗對於正見的解說。」

因爲有各種不同的因緣，一切事物才得以生起。但不要因爲佛陀這樣說，你就相信。你要自己深觀和了悟，才相信它。佛陀總是要我們自己去體會，而不是因爲任何人這樣說、這樣教、這樣想，我們就接受它，即使那是佛陀自己。我們不想要像隻鸚鵡一樣重覆別人說過的話。

我們有痛苦，每個人都有痛苦。當我們深深地觀察痛苦的核心，會看見使痛苦生起的或遠或近的種種因緣。我們自己就能夠看到，不需要別人來告訴我們。用自己的智慧透視自己的痛苦。因爲我們已經能夠看到，所以對自己的智慧沒有任何疑惑，知道事實就是如此。智慧來自我們自己，不是從別人那裡接收過來的。

不論數量多寡，當互相關聯的條件聚合在一起，就會產生一個現象，我們對那個現象產生認知。不論佛陀是否在世間教導我們，緣起都是一切事物的根本。這個眞理或法則永遠存在於所有現象界，永遠存在於一切法界。

「爲何？一個有眞正知見的人觀察世間的生起，不會以爲世間是無。一個有眞正知見的人觀察世間的壞滅，不會以爲世間是有。」

㉗佛陀自稱時用「如來」（Tathāgata）一詞。

「有」與「無」的現象發生在這個「世界」（lokadhatu），這個有痛苦的世界。在這裡，事物看似各自獨立存在，各有其生滅，譬如葡萄柚有別於檸檬。但是在「法界」（dharmadhatu）——「如實」之境㉘——蓮花無異於禪堂，一個人也無異於他的兄弟，所有事物彼此相連；一中有一切，一切也在一之中。一切法、一切現象都住在法界中。如果我們能夠深刻地去接觸，就能夠碰觸到它們不生不滅的本質。這是法界的境界、是涅槃。決定我們住在法界或住在世界的，是我們的生活方式。

依照緣起的教導，所有現象住在它們自己的法性㉙中，也就是不生不滅的性質；我們有我們的法性，花有花的法性。如果我們能夠接觸到這個本質，就能超越生與死的概念。如果我們能接觸到花的法性，就不會把花朵看成是某種獨立於別的事物的、綻放之後又枯萎的東西。

我們很清楚，世間處在其不斷示現的過程中。花朵之爲示現，也是很清楚的，所以我們不能說它不存在。我們看到痛苦示現，我們不能說痛苦不存在。但如果我們對這些示現的現象能夠如實地觀察、了知，就不會產生執著，也不會以自己的想法強行加諸其上，負以重擔。

㉘見於《因緣法經》：「此等諸法，法住，法定，法如，法爾，法不離如，法不異如，審諦、真、實、不顚倒。」

㉙法性是指緣生法內在本有的特性，也就是真如、法爾、法如是（sarva-dharma-tathatā）、法住（dharma-sthititā）、法界（dharma-dhātu）。法性是一切法的實相。

「一個有正確知見的人，觀察世間集成時，不會以爲世間無。一個有正確知見的人，觀察世間壞滅時，不會以爲世間有。迦旃延！執有是一邊見，執無是另一邊見；如來離這二邊見，說法於中道。」

認爲壽命是我們這個身體或不是這個身體，是經典中提到的「邊見」——極端的觀點——中的兩種。中道超越有與非有、生與死、一與多、來與去、同與異的種種概念。存在和不存在的觀念來自我們的錯誤認知。佛陀說我們應該要超越存在的觀念和不存在的觀念，當事物示現時，我們會說它存在；當它不再示現時，我們就說它不存在了。這是我們很多人都犯的錯誤。

我居住的梅村，四周都是種向日葵的田地。四月份我們行禪時，因爲沒看到任何向日葵的花，所以我們說：「這裡沒有向日葵。」我們認爲向日葵不存在。但是一位在四月開車經過這條路的農夫所見會和我們不同。如果我們告訴農夫：「這裡沒有向日葵。」他會說：「這裡有啊！」因爲他已經播種了，於是五月或六月，向日葵就出現了。我們急於下結論說東西不存在，而那位農夫清楚地知道兩個月之後，田裡會開滿向日葵。我們這些對農事一無所知的人說「這裡沒有向日葵」，但我們的看法與事實不符。

佛陀的教導向來是中道之教，超越各種見：存在不存在、生死、一多、來去、同異，以及不生不死、非一非多等。如來避免這些邊見。

十一世紀的越南，有個和尚問他的禪師：「超越生死之處何在？」禪師回答：「正在生死之中。」如果你爲了尋找涅槃而拋棄生死，你不會發現涅槃；涅槃就在生死之中。深深地透視世間現象，我們會接觸到本體世界——

現象世界的眞正的本質。

「意思即是：此有故彼有，此生故彼生。」

這段文字如此簡單，但是涵義非常深奧。「此有故彼有」，這是相依而有的意義。「此生故彼生」，這是緣起的定義，在原始佛教的經典中，佛陀屢次談及。「此有故彼有，此無故彼無。」這是緣起法最好的定義。當我們微笑，鏡中人也朝我們笑。我們對他人慈愛，他人對我們亦然。

當有人問下面這些問題時：「佛教教導世界是如何生成的嗎？」「世界是誰創造的？」「世界何時始，將何時終？」我們只能做一件事情，就是引用這句話：「此有故彼有，此生故彼生，此無故彼無，此滅故彼滅。」因爲有泥土、種子、陽光，所以有花朵。因爲有其他東西，所以有這個東西。這是緣起的教導，可以如此單純地表達出來。對於世界之存在的問題，最究竟的回答就是「此有故彼有」。

時間也是一個受條件限制的現象——有爲法——正如所有事物一般。時間受空間、大地、水以及宇宙中所有條件的限制。花如此，我們的痛苦如此，世上一切現象皆如此。「什麼是第一因？」這樣的問題實出自我們的無知。了解中道的教導後，諸如「世界是誰創造的」「時間存在否」「時間始於何時」這樣的問題就顯得很無知了。了解這些教導後，我們可以更深入緣起之教。因爲有空間，所以有時間；因爲有時間，所以有空間。兩者彼此相依。彼現，故此現；彼隱，故此隱。無須向老師、宗教尋求答案，只消深觀，自能了悟。

「自無明而有行，自行而有識，自識而有名色，自名色而有六入，自六入而有觸，自觸而有受，自受而有愛，自愛而有取，自取而有有，自有而有生，自生而有老死憂悲。這是苦的緣起。如果無明滅則行滅，行滅則識滅，識滅則名色滅，名色滅則六入滅，六入滅則觸滅，觸滅則受滅，受滅則愛滅，愛滅則取滅，取滅則有滅，有滅則生滅，生滅則老死憂悲滅。苦的緣起息滅。」

聽完佛陀所説，迦旃延尊者心得解脱，解開了所有內在的結縛，證得阿羅漢果。

這裡，佛陀談十二支緣起，即十二個相依生起的環扣。第一個環扣是無明（avidyā），它形成所有其他的環扣。明（vidyā）意思是看見、了解或光明，無明則意謂盲目、缺乏了解或沒有光明。第二個環扣是行，即出自意志力的行動（samskara）、動力，和想執取「有」。第三個環扣是識（vijñana）。心識中充滿了會帶來痛苦的不善、錯誤的傾向。第四個環扣是名色（namarupa），即是身心。名與色，指的是我們生命存有的心理元素和生理元素，心和身都是心識的對象。第五個環扣是六入，是六種感官（āyatanas），即眼、耳、鼻、舌、身、意，爲六種感官對象（色、聲、香、味、觸、法）所伴隨。這六種感官並不獨立於身／心（第四個環扣）而存在，將之分別列出是爲了幫助我們理解。

第六個環扣是觸（sparsha），即是六種感官與其對象之間的接觸，由此產生感受。當眼與色、耳與聲、鼻與香、舌與味、身與觸、意與法接觸時，感受由之而生。接觸是感受（vedanā），即第七個環扣的重要基礎。感受有樂受、苦受、中性或混合，我們很容易非常執著在自己的感受上。第八個環扣是愛（trishna），即貪愛或欲望。第九個環扣是取（upādāna），即是執取或執著，意思是我們被困在對象中，或沉迷其中受其支配。第十個環扣是有（bhava）。因爲我們想要，那個東西就現起。我們必須深觀，才能知道自己眞的想要什麼。第十一個環扣是生（jāti）。第十二個環扣是老死憂悲（jarāmaraṇa）。

佛陀說十二因緣法是其教導的精髓。這十二道環扣，決不是要人以直線的方式——一環只能引生下一環——來理解。事實上，每一個環扣不能離開其他所有的環扣而存在；就這個意義來說，我們可以說這些環扣是「空」的。在這個緣起的連環裡，每一個環扣都同時是所有其他環扣的因和果。每一個環扣裡都有無明，也都有識。

學習這十二支緣起能夠幫助我們減少無明，增長清明。當無明減輕了，貪愛、仇恨、驕傲、疑惑和觀點也會淡化，而愛、慈悲、喜悅和平等捨心也會增強。

如果你在日常生活中的某一刻深刻地觀察自己的身體和情緒，你會看見這十二道環扣在那一刻同時俱在。這十二個因與緣彼此依靠，互相影響，產生苦的聚合。十二緣起中的每一環都和其他十一環有所關聯。如果你不正念地修行，就是容許這個痛苦的循環繼續下去。

修習正念的時候，可以看到這緣起的十二道環扣由智慧而生，而非無明。當智慧成爲第一道環扣，所有其他環扣都受它影響。譬如，有時一個感受生起，伴隨的是智慧、清明或慈愛，而非無明。如此，這個感受帶來的是慈悲的行動。只說由感受而生貪愛，並不夠精確，而是帶有執著和無明的感受會產生貪愛。在一個根源於無明的循環裡，眾生因爲心受到欺矇而漂泊沉溺。當感受有智慧作助緣，緣起也能夠帶來正念、解脫和涅槃。菩薩就是在清明與覺醒爲基礎的循環中證悟。

當你點亮了覺醒的燈，你會看見緣起的十二道環扣如何運作。你會說：「別讓這些環扣再這樣運轉下去，我們受的苦夠多了！」當我們把正念帶進來，我們的無明不會再那麼晦暗，清明將生起。清明與專注自正念中生起。心識之中有無明，但也有覺醒與正念的種子。如果我們點亮正念的燈，光明會使黑暗消失。

痛苦和絕望往往幫助我們覺醒；於是，無明中能生清明。當燈被點亮，執著絕望中的無明會減弱並轉化。清明使菩提心、崇高的希願生起。你會有崇高的希願，是因爲你看過苦難，苦難的現前使你醒悟，你想要終止苦難。

清明帶來菩提心，為了一切眾生的福祉而想要證悟的心。崇高的希願為我們帶來智慧：我必須與所有受苦的眾生同在，為他們而活。

在以智慧為基礎的循環中，我們仍有等同於身心的存在，那是佛陀的應身（Nirmāṇakāya）㉚。我們看見自己和所有其他眾生互相關聯。眾生有仇恨和黑暗，而現在我們的出現，就像花朵一般，能為眾生帶來清新與幸福。應身是菩薩示現的形象。應身仍有六識㉛，但智慧是其基礎。就一個普通人

㉚又稱應佛、應身佛、應化身、應化法身。即佛為教化眾生，應眾生之根機而變化顯現之身。

㉛梵語 avijna。十八界中之六識界。指眼、耳、鼻、舌、身、意等六種認識作用。即以眼、耳、鼻、舌、身、意等六根為依，對色（顯色與形色）、聲、香、味、觸、法（概念及直感之對象）等六境，產生見、聞、嗅、味、觸、知等了別作用之眼識、耳識、鼻識、舌識、身識、意識等。識、境、根三者必須同時存在。

來說，無明是其基礎，六識就成爲束縛之因。在菩薩的化身中，六識仍在，但其中沒有無明，而是有偉大的希願在其中。

在世界中的菩薩化身接觸感官對象時，因爲有正念，因而有清明、大願與智慧。接觸帶來感受，而菩薩的感受之中也帶有正念。

有正念的時候，還是會有苦、樂和中性的感受。但這些感受中不再有無明，取而代之的是大願與智慧。當苦受出現時，菩薩知道那是苦受；樂受出現，菩薩知道那是樂受。菩薩如實地認識苦、樂，不生錯誤的知見。菩薩能夠分擔眾生的痛苦。當她看見有人處於極大的痛苦中，她生起慈悲，她感到苦，但這種苦受增長她的智慧和大願。具足正念的感受不會導致貪愛，而是會生起慈悲。看見眾生受苦，菩薩不起嗔怒，而是生起愛和慈悲之心。眾生受苦，而因爲這苦受，所以生貪愛執著，把痛苦散布周遭。而菩薩雖有苦受，她還是自由的，且深具慈悲心。含有清明的慈與悲，是眞愛的元素，不會產生執著，而會導引至自由解脫。菩薩因爲有慈悲，所以能永保自由。如果失去清明和大願，自由也就同時失落了。

菩薩有的是眞正的自由。菩薩不是被執著或束縛推動而來世間受生，而是出於她的大願。菩薩安住於法界之中，但出於慈悲而來到生生死死的世間。儘管她安住於法界的自由中，但並不捨棄漂流沉溺於痛苦世間的眾生。

緣起有時又被稱爲大空（mahāśūnyatā）。「空」意謂解脫於一切觀念、想法與執著。你不能說現象不存在，也不能說現象存在；你不能說現象生或滅，也不能說同或異。一切現象住於空性中，無從捕捉。

龍樹菩薩這樣說空性和緣起：「因緣所生法，我說即是空，亦爲是假名，亦是中道義。」

仔細觀察十二緣起，我們會看到關於空的教導。佛陀說過，見到緣起法，就是見佛；見到佛，就是見到緣起法。在日常生活中，我們可能會問：「我是誰？我在這裡做什麼？我從哪裡來？我將往何處去？」這些是哲學問題。佛陀說我們會問這些問題，是因爲被困在自我的觀念中，困在「我」和「我的」的觀念中。如果我們能看見緣起，就不會再問這些問題。

佛陀勸我們不要研究哲學，而要把時間用在深觀實相上，以便能了知萬法乃安住於其如如之性與空性之中。一旦能如此了知，就不會爲「自我」「有」「無」的觀念所困，徒勞地追問哲學問題。當我們見到緣起的本質，世間的見解與知識不能再局限我們，就能夠超越由它們而來的內在心結。

如果我們能禪觀緣起，就能超越所有這些問題。佛陀說，當我們超越觀念，就好像一棵棕梠樹頂被砍斷，所有錯誤的認知不再生起。當我們能看見相依而生的本質，就能克服我、人等觀念，無明與痛苦不能再觸踫到我們。我們不會再因爲錯誤的見解而受苦。

行於中道之路

在《阿含經》中，我們讀到這一段㉜：

㉜梵名 Śronakotīvijśa 或 Śrotravijśatikotī。譯作室縷多頻設底拘胝。又稱億耳羅漢、聞二百億。乃中印度伊爛拏鉢伐多國長者之子。彼受佛陀教化出家後，居舍衛城獨住安靜，刻苦精勤，日夜不寢，修習道品。以不能盡除諸漏，乃罷道歸家。佛知後召之，問在俗時有何嗜好？答以好彈琴。於是佛對彼云：琴絃若急，則不可得和音愛樂，若琴絃緩，亦無和音愛樂。惟在不急不緩時，始能得其中和。同此，過分精進能擾亂此心之調和，不夠精進也易使心懈怠。億耳聆訓之後，遂復其志，心無放逸，修行精勤，遂證阿羅漢果。見於《雜阿含經．卷九》

佛陀問蘇那（Sona）比丘：「你出家前是樂師，是嗎？」

蘇那回答說的確是。

佛陀問：「你的琴弦如果太鬆了，會怎樣？」

「會撥不出聲音來。」蘇那回答。

「太緊了呢？」

「會斷。」

「修道亦然。」佛陀說。

《中道因緣經》意義深刻美妙，但只有當我們發現怎樣把這教法應用在生活上，它才能眞正利益我們。即使我們能滔滔不絕暢談中道、無我或緣起，還是要問：怎樣能夠在日常生活中實踐這些教法？

第一個方法是，注意我們對教法本身的執著。不只要超越常見、我見，也要超越無常、無我和涅槃的見解。佛陀說教法像是幫助我們渡到彼岸的筏，一旦到了彼岸，就要把筏留在岸上讓別人使用。教法像筏一樣，是要放下的。據說佛陀在晚年曾說：「四十五年的教導，我什麼也沒說。」他事實上說了很多，但是他不希望聽眾被他的話局限。

爲了容易了解，我們說了很多像是無常、無我和相即的正見。但我們知道這些教導是爲了幫助我們，它們不是理論。譬如，無常的觀念是爲了幫助我們克服恆常的觀念，不是要我們去崇拜的眞理。我們要很善巧地處理，才不會困在其中。

佛陀提出十二緣起的說法時說道：「自無明而有行。」「無明」的意思是，我們不明白正在發生什麼事情，因而發出某種行爲方式。如果我們有能力清楚地看見，行爲就會有所不同。我們每一個人都多多少少被困在自己的情緒、困難以及過去受苦的經驗裡。因爲被困住了，所以一再重複同樣的痛苦。我們有種慣性能量或習氣，使我們對外在的情況機械性地起反應。我們告訴自己下一次不會像這樣反應，而會以不同的方式反應。我們很有決心，向自己保證，但當那種情況再一次發生，我們還是老樣子——就像兩百年前一樣。所以，爲什麼我們不斷重複舊有的模式？每一次我們這樣表現，就使自己痛苦，也使別人痛苦。習氣使我們千百次重複相同的行爲。習氣逼我們奔走追逐，逼我們做個不停，逼我們迷失在過去、未來的想法中，逼我們爲自己的痛苦而責備他人。習氣不容許我們平靜、幸福地活在當下此刻。

修習正念幫助我們認識這些習氣。每一次我們認出這些在我們之中的習氣，就能夠停下來，享受當下此刻。正念是能幫助我們擁抱習氣、加以轉化的最好能量。

正念是對於當下此刻的全然覺知。這種能量是從練習正念呼吸、正念行走、正念飲食中產生的。正念的能量本身就帶有專注力，當你正念於某件事物，不管是一朵花、一位朋友或一杯茶，你也會變得專注於正念的對象。正念愈強，你也會愈專注。定力是從正念來的，如果你夠專注，定力中也會帶有慧力。念、定、慧是佛陀的三種能量，這三種能量能夠轉化習氣，帶來療癒和滋養。

幾天正念呼吸、正念行走的修習就能使事情大爲改觀。而且修行應該是愉快的，而不是苦差事。吸氣的時候，你注意入息。「吸氣，我知道我在吸氣；呼氣，我感覺活著。」你的幸福就在呼吸當中。

每當習氣出現，而我們可以接受、辨識出它們，它們就不會迫使我們以負面的方式行動。我們可以對自己的習氣說：「習氣，我會照顧你，我會發現你的根源何在。」

我常在開示時講故事。有時候我會講那個不修行和尚的故事，他只是到不同的寺院去參加一個又一個的法會、一個又一個的超渡儀式。他不在自己的寺院裡辦法會，但當別的寺院有法會，他就會去參加，待上一整天。我只是說著好玩的，但有些人會以爲我在特別責備他們。我無意特別說誰，但因爲他們有那樣的習氣，所以聽這個故事就好像被箭射中一樣，受到傷害。我們自己受苦的時候，也使得身邊的人受苦。我們以爲只有自己在受苦，但事實上，我們在給他人製造痛苦。

有一次我主持禪修，結束後，有位學生寫信給我：「我從來沒有像這次禪修感覺這麼幸福和安全過，因爲誰都不許說話。所以我知道沒有人會來這裡說傷害我的話，或者在我面前、背後說我的壞話。」讀到這封信時，我想這個人過去一定受了不少苦。可能他的家人說過傷他很深的話。我很同情他，我知道他一定受過很多苦。所以，我們必須反省自己受過的苦，看看我們是如何因爲缺乏正念力而使自己受苦，也使他人受苦。我們可能會感覺，是因爲別人的笨拙和失念而使我們受苦，但我們也常常對別人做同樣的事。只有當我們的正念之光照耀著所有人，我們才能夠邁出輕快、自由自在的步伐。

過去我們受過的苦是無法估量的。和過去受的苦比起來，今天的苦是很少的。那爲什麼我們還繼續讓彼此受苦？在海裡，大魚吃小魚。一條小魚獨自游著，突然，一條大魚從後面游過來，張大嘴，小魚就成了大魚的食物。熊肚子餓了，就下去河裡用手掌捕魚吃。「爲什麼不是其他魚被抓來吃掉？

爲什麼今天是我被抓到吃掉？」小鴨跟著母親，母鴨在吃蟲的時候，一隻大鳥飛來抓走一隻小鴨。這些是我們過去受過的痛苦。我們是小鴨、是那條魚。有時候母雞看到危險，就張開翅膀保護小雞，讓大鳥沒辦法衝下來攫走小雞，但有時候我們想保護自己的孩子卻做不到。像這樣的痛苦在生命當中不斷發生。我們過去是鳥、是魚、是樹的時候，受了許多痛苦，這些痛苦變成我們內在一大塊痛苦的聚合。

我們的僧團——修行的團體——在幫助我們終止受苦的習氣上有很重要的作用。《中道因緣經》提醒我們，自我的想法只是一個殼子，只有當我們能衝破自我的硬殼時，才能看到現在所受的苦，也就是我們的祖先和子孫所受的苦。我們是母親的延續；我們就是母親。我們的孩子、學生已經在我們裡面，和我們一起受苦。所以不應該浪費一天、甚至一時一刻的修行。

每天都是我們修行解脫的機會，使我們內在的祖先和子孫得到解脫。藉著禪修，我們可以重新體驗生命之中充滿恐懼與痛苦的時刻，我們可以修習正念呼吸，爲所有的祖先和子孫呼吸。當我呼吸時，我不只爲一位母親、一個孩子呼吸，而是爲許許多多的母親和孩子呼吸。如果修持得法的話，像這樣子呼吸十分鐘就能帶來解脫，而修持中所用的智慧就是中道的智慧。

正見和緣起的教導也指引我們如何與他人相處。當我們深刻地觀察別人，同時也就是深刻地觀察自己。如果我們認爲別人是有別於我的他人，他或她的成功和失敗與我毫不相干，那我們的深觀就不算成功。那個人的幸福關係到我們自己的幸福。我們如果不幸福，別人也幸福不起來，整個的大團體也不會幸福。

猴子知道有些多刺的果子很甜，所以牠用石頭把多刺的果皮打破。生活當中，我們可能覺得有些人很難溝通、很難相處。我們認爲他們很嚴厲、很吝嗇，沒有能力擁抱、接受我們。但那只是我們的第一個經驗，那個人可能有很多愛與慈悲，但是被習氣掩蓋。假如我們看得深一些，發現是什麼障礙住他們，就能夠幫助他們。如果我們能夠打破習氣的硬殼，就能享受裡面愛的甜美。我們能夠像猴子一樣，打破多刺的外皮，品嘗裡面的果實。

佛教修行的目的，是從現象界到達自性的層面。我們從假名，即世間約定俗成的語言，例如父母、子女、我、你、花朵、白雲、來、去的限制中抵達中道的層面，而得以超越所有世俗的名言施設。憤怒、仇恨生起，因爲我們被困在世間慣有的名言施設中。如果我們觀察得深刻而仔細，會在父母之中看到自己，也會在自己裡面看到父母。當我們能觀察到如此，就能接觸到非常深層的實相，痛苦和憂傷也會消失。

如果我們繼續被過去的習性所囚禁，就永無使自己得到解脫的可能，也無法使我們之中千百世代的祖先和子孫得到解脫。但如果在日常生活中，我們利用盥洗、洗菜、開車、整理花園或給植物澆水時，好好觀察我們自己和別人，而發現自己和他人的眞正本質，就能夠逐漸掙脫綁住我們的繩索。我們的恐懼、憂傷和種種心結都是由來去、自他等分別的想法而來。像這樣在日常生活中練習深觀，是眞正的修行，是佛教的精華。

初開始接觸佛教修行，我們馬上就可以體驗到正念呼吸和它帶來的良好感覺。我們會有想抓住這個感覺的傾向，告訴自己：「如果我能呼吸，如果我能微笑，如果能在有一點生氣時就回到呼吸上，這樣已經足夠了。」這樣的想法，會阻礙我們深入「無分別」的深刻教導。這樣的教導能夠使我們無所畏懼、達到幫助我們打破所有枷鎖的智慧，這是修行最珍貴的禮物和最美好的果實。如果我們局限在觀念中，被困在憂傷中、被困在別人對待我們的方式裡，那是糟蹋生命。

正見和緣起的教導提供我們如何和別人相處的指引。我們深觀別人的同時，也正是在深觀自己。如果我們認爲他人有別於我，他的成功和失敗與我毫不相干，那麼我們的深觀並不成功。別人的幸福和我們自己的幸福相連，我們不幸福，別人也幸福不起來，我們所屬的更大的群體也無法幸福。

從了解《中道因緣經》所產生的智慧能夠消溶我們的習氣，並且產生大智慧、大慈悲。這些力量能使我們解脫痛苦，並且幫助我們充分地把愛與了悟傳給子孫，使他們免受和我們一樣的痛苦。我們必須學習幸福地活在當下，走在當下的每一刻，就是自由的一刻。這樣的每一個步伐能使我們解脫，使無數世代的祖先和子孫解脫。每一步，我們和佛陀同行。

附錄

《雜阿含經》三〇一

如是我聞：一時，佛住那梨聚落深林中待賓舍。爾時、尊者𨅖陀迦旃延詣佛所，稽首佛足，退住一面。白佛言：「世尊！如世尊說正見，云何正見？云何世尊施設正見？」

佛告𨅖陀迦旃延：「世間有二種依，若有、若無，為取所觸；取所觸故，或依有，或依無。若無此取者，心境繫著、使，不取、不住，不計我，苦生而生，苦滅而滅；於彼不疑、不惑，不由於他而自知，是名正見，是名如來所施設正見。所以者何？世間集，如實正知見，若世間無者不有；世間滅，如實正知見，若世間有者無有。是名離於二邊，說於中道，所謂此有故彼有，此起故彼起，謂緣無明行，乃至純大苦聚集。無明滅故行滅，乃至純大苦聚滅。」

佛說此經已，尊者蹤陀迦旃延聞佛所說，不起諸漏，心得解脫，成阿羅漢。

《因緣法經》《雜阿含經》二九六

如是我聞：一時，佛住王舍城迦蘭陀竹園。爾時，世尊告諸比丘：「我今當說因緣法及緣生法。云何爲因緣法？謂此有故彼有，謂緣無明行，緣行識，乃至如是如是純大苦聚集。

「云何緣生法？謂無明、行……。若佛出世，若未出世，此法常住，法住、法界，彼如來自所覺知，成等正覺，爲人演說，開示顯發，謂緣無明有行，乃至緣生有老死。若佛出世，若未出世，此法常住，法住、法界，彼如來自覺知，成等正覺，爲人演說，開示顯發，謂緣生故，有老、病、死、憂、悲、惱、苦。此等諸法，法住，法定，法如，法爾，法不離如，法不異如，審諦、眞、實、不顚倒。如是隨順緣起，是名緣生法，謂無明、行、識、名色、六入處、觸、受、愛、取、有、生、老、病、死、憂、悲、惱、苦，是名緣生法。

「多聞聖弟子，於此因緣法、緣生法，正智善見。不求前際，言：『我過去世若有，若無，我過去世何等類？我過去世何如？』不求後際：『我於當來世爲有，爲無，云何類？何如？』內不猶豫：『此是何等？云何有？此爲前誰？終當云何之？此眾生從何來？於此沒當何之？』若沙門、婆羅門，起凡俗見所繫，謂說我見所繫，說眾生見所繫，說壽命見所繫，忌諱吉慶見所繫，爾時悉斷、悉知，斷其根本，如截多羅樹頭，於未來世成不生法。是名多聞聖弟子，於因緣法、緣生法，如實正知，善見，善覺，善修，善入。」

佛說此經已，諸比丘聞佛所說，歡喜奉行。

《大空法經》《雜阿含經》二九七

如是我聞：一時，佛住拘留搜調牛聚落。爾時，世尊告諸比丘：「我當爲汝等說法，初、中、後善，善義善味，純一清淨，梵行清白，所謂大空法經。諦聽，善思，當爲汝說。大空法經云何爲大空法經？所謂此有故彼有，此起故彼起，謂緣無明行，緣行識，乃至純大苦聚集。

「緣生老死者，若有問言：『彼誰老死？老死屬誰？』彼則答言：『我即老死，今老死屬我，老死是我。』所言：『命即是身。』或言：『命異身異。』此則一義，而說有種種。若見言：『命即是身。』彼梵行者所無有。若復見言：『命異身異。』梵行者所無有。於此二邊，心所不隨，正向中道。賢聖出世，如實不顚倒正見，謂緣生老死。如是生、有、取、愛、受、觸、六入處、名色、識、行，緣無明故有行。

「若復問言：『誰是行？行屬誰？』彼則答言：『行則是我，行是我所。』彼如是：『命即是身。』或言：『命異身異。』彼見命即是身者，梵行者無有；或言命異身異者，梵行者亦無有。離此二邊，正向中道。賢聖出世，如實不顛倒正見，所謂緣無明行。

「諸比丘！若無明離欲而生明，彼誰老死？老死屬誰者？老死則斷，則知斷其根本，如截多羅樹頭，於未來世成不生法。若比丘無明離欲而生明，彼誰生？生屬誰？乃至誰是行？行屬誰者？行則斷，則知斷其根本，如截多羅樹頭，於未來世成不生法，若比丘無明離欲而生明，彼無明滅則行滅，乃至純大苦聚滅，是名大空法經。」

佛說此經已，諸比丘聞佛所說，歡喜奉行。

梅村簡介

法國 梅村
Plum Village
13 Martineau, 33580 Dieulivol, France
Tel: (33) 5 56 61 66 88
www.plumvillage.org

法國巴黎以東 療泉寺
Healing Spring Monastery
2 Rue Pascal Jardin, 77510, Verdelot, France
Tel: (33) 974 90 23 81
www.healingspringmonastery.org

香港 亞洲應用佛學院
Asian Institute of Applied Buddhism
Lotus Pond Temple, Ngong Ping, Lantau Island, Hong Kong
Tel: (852) 2985 5281
www.pvfhk.org

德國 歐洲應用佛學院
European Institute of Applied Buddhism
Schaumburgweg 3, D-51545 Waldbröl, Germany
Tel: +49 (0) 2291 907 1373
www.eiab.eu

泰國 梅村國際修習中心
Thai Plum Village International Practice Center
Pong Ta Long 30130, Pak Chong District, Nakhon Ratchasima, Thailand.
Tel: (66) 091-536-5696
www.thaiplumvillage.org

美國紐約 碧岩寺 **Blue Cliff Monastery**
3 Mindfulness Road, Pine Bush, NY 12566, USA
Tel: (1) 845-213-1785
www.bluecliffmonastery.org

美國加州 鹿苑寺 **Deer Park Monastery**
2499 Melru Lane Escondido, CA 92026, USA
Tel: (1) 760 291-1003
www.deerparkmonastery.org

美國密西西比州 木蘭寺 **Magnolia Grove Monastery**
123 Towles Road Batesville, MS, USA
Tel: (1) 662-267-6437
www.magnoliagrovemonastery.org

澳洲 預流禪修中心
Nhap Luu - Stream Entering Monastery
530 Porcupine Ridge Road, Porcupine Ridge, VIC 3461, Australia
Tel: (61) 0402 924 800
www.nhapluu.org

梅村傳承的九所寺院和正念修習中心分別位於法國、德國、美國、澳洲、泰國及香港，詳細資料見於梅村中文網站。

梅村中文網站：https://plumvillage.org/zh-hant/
梅村中文 Facebook：https://www.facebook.com/PlumVillageCH/
梅村中文開示視頻及修習引導：YouTube 法國梅村——一行禪師傳承

橡樹林文化 ❖❖ 一行禪師 ❖❖ 書目

JB0006X	初戀三摩地	一行禪師◎著	280 元
JB0011	你可以不怕死	一行禪師◎著	250 元
JB0014	觀照的奇蹟	一行禪師◎著	220 元
JB0027	見佛殺佛：一行禪師的禪法心要	一行禪師◎著	220 元
JB0037X	一行禪師　活在正念的愛裡：從慈悲喜捨的練習中，學會愛自己也愛他人	一行禪師◎著	300 元
JB0042X	祈禱的力量	一行禪師◎著	300 元
JB0052	一心走路：步行在佛陀的淨土中	一行禪師◎著	280 元
JB0069	接觸大地：與佛陀的親密對話	一行禪師◎著	220 元
JB0092	回到家，我看見真心：讓家成為修行的空間	一行禪師◎著	220 元
JB0093	愛對了：用正念滋養的親密關係，最長久	一行禪師◎著	260 元
JB0103	一行禪師講《金剛經》	一行禪師◎著	320 元
JB0104	一行禪師談生命真正的快樂：金錢與權力能帶給你什麼？	一行禪師◎著	300 元
JB0105	一行禪師談正念工作的奇蹟：在工作裡找到成功＋快樂的模式	一行禪師◎著	280 元
JB0116	一行禪師講《阿彌陀經》	一行禪師◎著	260 元
JB0116S	一行禪師講金剛經 & 阿彌陀經（套書）	一行禪師◎著	580 元
JB0122	正念的奇蹟（電影封面紀念版）	一行禪師◎著	250 元
JB0123	一行禪師　心如一畝田：唯識 50 頌	一行禪師◎著	360 元
JB0124	一行禪師　你可以不生氣：佛陀的最佳情緒處方	一行禪師◎著	250 元
JB0149	一行禪師講《心經》	一行禪師◎著	320 元
JB0149S	一行禪師講金剛經 & 阿彌陀經 & 心經（套書）	一行禪師◎著	880 元
JB0151	我真正的家，就在當下——一行禪師的生命故事與教導	一行禪師◎著	360 元
JB0154	一行禪師講《入出息念經》	一行禪師◎著	350 元
JP0146X	一行禪師　與孩子一起做的正念練習：灌溉生命的智慧種子（隨書附贈練習音樂 CD）	一行禪師 梅村社群◎著	470 元

善知識系列　JB0158

一行禪師　佛雨灑下
——禪修《八大人覺經》《吉祥經》《蛇喻經》《中道因緣經》

Two Treasures : Buddhist Teachings on Awakening and True Happiness & Thundering Silence & Beyond the Self

作　　者／一行禪師 Thich Nhat Hanh
譯　　者／釋眞士嚴、慧軍、劉珍
責任編輯／劉昱伶
業　　務／顏宏紋

總 編 輯／張嘉芳
出　　版／橡樹林文化
城邦文化事業股份有限公司
104 台北市民生東路二段 141 號 5 樓
電話：(02)2500-7696 ext2736　傳眞：(02)2500-1951
發　　行／英屬蓋曼群島商家庭傳媒股份有限公司城邦分公司
104 台北市中山區民生東路二段 141 號 5 樓
客服服務專線：(02)25007718；25001991
24 小時傳眞專線：(02)25001990；25001991
服務時間：週一至週五上午 09:30 ～ 12:00；下午 13:30 ～ 17:00
劃撥帳號：19863813　戶名：書虫股份有限公司
讀者服務信箱：service@readingclub.com.tw
香港發行所／城邦（香港）出版集團有限公司
香港灣仔駱克道 193 號東超商業中心 1 樓
電話：(852)25086231　傳眞：(852)25789337
Email：hkcite@biznetvigator.com
馬新發行所／城邦（馬新）出版集團【Cité (M) Sdn.Bhd. (458372 U)】
41, Jalan Radin Anum, Bandar Baru Sri Petaling,
57000 Kuala Lumpur, Malaysia.
電話：(603) 90563833　傳眞：(603) 90576622
Email：services@cite.my

內　　文／歐陽碧智
封　　面／周家瑤
印　　刷／中原造像股份有限公司

初版一刷／ 2023 年 3 月
初版二刷／ 2023 年 4 月
ISBN ／ 978-626-7219-21-8
定價／ 380 元

城邦讀書花園
www.cite.com.tw

國家圖書館出版品預行編目（CIP）資料

一行禪師 佛雨灑下——禪修《八大人覺經》《吉祥經》《蛇喻經》《中道因緣經》／一行禪師（Thich Nhat Hanh）著；釋真士嚴，慧軍，劉珍譯．-- 初版．-- 臺北市：橡樹林文化，城邦文化事業股份有限公司出版：英屬蓋曼群島商家庭傳媒股份有限公司城邦分公司發行，2023.03
面；　公分．--（善知識；JB0158）
譯自：Two treasures : Buddhist teachings on awakening and true happiness
譯自：Thundering silence
譯自：Beyond the self
ISBN 978-626-7219-21-8（平裝）

1.CST: 佛經

221　　112001470

廣 告 回 函
北區郵政管理局登記證
北 台 字 第 10158 號

郵資已付 免貼郵票

104 台北市中山區民生東路二段 141 號 5 樓

城邦文化事業股份有限公司

橡樹林出版事業部 收

請沿虛線剪下對折裝訂寄回，謝謝！

|橡|樹|林|

書名：一行禪師 佛雨灑下——禪修《八大人覺經》《吉祥經》《蛇喻經》《中道因緣經》

書號：JB0158

橡樹林文化
讀者回函卡

感謝您對橡樹林出版社之支持，請將您的建議提供給我們參考與改進；請別忘了給我們一些鼓勵，我們會更加努力，出版好書與您結緣。

姓名：＿＿＿＿＿＿＿＿ □女 □男 生日：西元＿＿＿＿＿年

Email：＿＿＿＿＿＿＿＿＿＿＿＿＿＿＿＿

●您從何處知道此書？

□書店 □書訊 □書評 □報紙 □廣播 □網路 □廣告 DM

□親友介紹 □橡樹林電子報 □其他＿＿＿＿＿＿＿＿

●您以何種方式購買本書？

□誠品書店 □誠品網路書店 □金石堂書店 □金石堂網路書店

□博客來網路書店 □其他＿＿＿＿＿＿＿

●您希望我們未來出版哪一種主題的書？（可複選）

□佛法生活應用 □教理 □實修法門介紹 □大師開示 □大師傳記

□佛教圖解百科 □其他＿＿＿＿＿＿＿

●您對本書的建議：

＿＿＿＿＿＿＿＿＿＿＿＿＿＿＿＿＿＿＿＿＿＿＿＿

＿＿＿＿＿＿＿＿＿＿＿＿＿＿＿＿＿＿＿＿＿＿＿＿

＿＿＿＿＿＿＿＿＿＿＿＿＿＿＿＿＿＿＿＿＿＿＿＿

非常感謝您提供基本資料，基於行銷及客戶管理或其他合於營業登記項目或章程所定業務需要之目的，家庭傳媒集團（即英屬蓋曼群商家庭傳媒股分有限公司城邦分公司、城邦文化事業股分有限公司、書虫股分有限公司、墨刻出版股分有限公司、城邦原創股分有限公司）於本集團之營運期間及地區內，將不定期以MAIL訊息發送方式，利用您的個人資料於提供讀者產品相關之消費與活動訊息，如您有依照個資法第三條或其他需服務之務，得致電本公司客服。

我已經完全了解左述內容，並同意本人資料依上述範圍內使用。

＿＿＿＿＿＿＿＿＿＿＿＿（簽名）

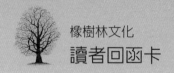